ラーメンをつくる人

東京

ある人は言った。
「ラーメンには人生をまるごとかける魅力がある」と。

これはラーメンをつくる人について書いた本だ。
東京および首都圏に店があるという以外には、
年齢も、出自も、開業年数も、店舗規模も、年商も、
経営に対する考え方も異なる20人の店主を取材している。
その中には毎日欠かさず厨房に立つ店主もいる。
前掛けよりもスーツを着ることを選択した店主もいる。
ラーメンに正解がないように、
ラーメン店主としてのスタンスにも正解はない。
だけどそこに一つの共通項を見出すとすれば、
火を絶やさない人たちであるということだろうか。

目の前のお客さまのために心血を注ぐ店主。
まだ見ぬお客さまをイメージして新境地を切り拓く店主。
一人でも多くの人の心をラーメンで温めたいと願い、
世界を飛び回る店主。
ガンガン強火で魂を焚き上げる人もいれば、
穏やかにじっくりと情熱の炎を抱く人もいる。
ラーメンづくりに火が欠かせないように、
ラーメンをつくる人はその根っこに必ず火をともし続けている。

この本は食べ歩きのためのガイドブックではない。
だけど人によっては、次に食べる一杯に
これまでとは違う深みを感じるだろう。
人によっては、20人の異なる生き様が
明日を照らす道しるべになるかもしれない。

たかがラーメン、されどラーメン。

はからずもラーメンに人生を賭けることになった20人

そして偉大なる2人の巨星の物語をここに記す。

長谷川　圭介

ラーメンをつくる人 東京

もくじ

本書に掲載されている情報は、
2016年6月取材時点のものです。

生田 智志

すごい煮干ラーメン 凪

いくた　さとし

1977年福岡県北九州市生まれ。2004年９月、週１回バーを間借りして「ラーメン 凪」をスタート。2006年６月「ラーメン凪 渋谷総本店」オープン。現在は、国内では煮干し、海外は豚骨をメインにしながら店舗を展開。

超凡人的成功法則

第一印象は、とにかくせわしない人。取材をしていても猫の目のようにくるくるコロコロ話題が変わる。店で使っている煮干しの種類について話していたかと思えば、煮干しを肥料にしたネギの栽培プロジェクトの話題に変わり、そうかと思えば「煮干し、どうですか?」と筆者に勧めて自分もムシャムシャ食べ始める。こちらは話の展開についていくのに精一杯。けれどもおそらく生田氏の頭の中ではシナプスとシナプスがバチバチ繋がり、壮大な一幅のマインドマップを描いているのだろう。

「発想力と行動力の人ですね」というのは、凪グループの広報を担当する三善氏。「他人が考えないような発想が次々に浮かんできて、そのスピードが早すぎるために最初のアイデアが形になる頃にはもう別のことを考えている。だから我々も追いつくのが大変です。とにかく思いついたらすぐに行動する人。初めて香港に店を出したときに現地で出資者を前に試作をしたことがありました。そこは厨房設備のないライブハウスのようなバーで、鍋もコンロもない状況でしたが、生田は炊飯器で麺を茹でてラーメンを完成させたんです。そういう人です。逆境をものともせずに行動する力というのは生田の才能なのでしょう。凪の名前の由来にもなっている〝凪のないところに風を起こす〟というスタンスで、これまで事業を展開してきましたから」。

ラーメンの中に妖怪いったんもめんを思わせる幅広の麺（いったん麺）を入れてみたり、「世界初の空飛ぶラーメン」と称してラーメンをレーンにのせて運ぶなど、たしかにその発想はフツーではない。

しかし、生田氏は言うのだ。「凡人ですよ、僕は。まちがいなく。勉強もできない。お金を稼ぐのもうまくない。ほかの店主さんに比べたら僕は才能もセンスもありません。その分、愚直に、愚直に掘り下げることでいろんなことをカバーしてきました」。

そう言いながら見せてくれたのが分厚いスクラップブックだ。中を開けば、ラーメンに関するもの、ラーメンとは関わりのないものも含め、雑誌や新聞の切り抜きがびっしりと貼られている。聞けばもう何冊もそうやってコツコツとスクラップを溜めているそうだ。「ここから相当アイデアをもらっていますよ。うちだったら何ができるのか？　と置き換えて考えます。他人からよく『発想が斬新』といわれるけど、当たり前ですよ。他人よりも何倍も情報をインプットしていますから。本を読んで、雑誌を読んで吸収していますから。ラーメンをやる上で当たり前のことを愚直に続けている、それだけです」。

自らを凡人と呼び、積み重ねた努力で非凡にいたる。「超凡人」生田智志の原点を遡ってみよう。

生まれは昭和52年。福岡県北九州市で育った。中学高校時代はテニスに青春を捧げ、高校卒業後は「トミーとマツに憧れて」白バイ隊をめざし、専門学校に通う。公務員試験に4度挑戦するものの、こ

とごとく失敗。警察官になる夢を諦め、当時アルバイトでお世話になっていた豚骨ラーメンの有名店「一蘭」の社員となる。「一蘭」での働きぶりはアルバイト時代から評判だった。社員登用からほどなくして生田氏は東京行きを命じられる。都内進出一号店となる六本木店の立ち上げのためだ。六本木店の初代店長を務めた後にはエリアマネージャーに昇格し、二十代半ばにして450人の部下を抱える。多忙を極めてはいたが、この頃、寸暇を惜しんで続けていたのが読書だ。

「社長や先輩たちから『本を読みなさい』『ビジネス書を読みなさい』とよく言われました。D・カーネギーとか、ナポレオン・ヒルとか、片っ端から読みましたよ。頭には全然入っていかなかったけど。その頃から目標の立て方とか、目標から逆算していま何をするべきか考えるとか、そういう習慣が身についていました。特に熊谷正寿さんの本は何回も読み返しました。『一冊の手帳で夢は必ずかなう』という本があるんですが、そこに書いてあることを愚直にやってきました。熊谷語録はしっかり頭に染みついています」。

2004年、「一蘭」を退職。その年の9月に新宿ゴールデン街のバー「ブレンバスタ」で週1回の間借り営業をスタートする。自らの城を築くまでの猶予期間は500日。アルバイトで食いつなぎながら毎週、自宅でスープを炊いてはせっせと鍋ごと運び、ラーメンを提供した。当初の客は友人のみ。カウンターを挟んで意見を交わし、週替わりでいろいろな味のラーメンに挑戦した。やがて口コミで話題となり、ネットを使った情報戦略も功を奏して、気がつけば行列店に。1日の売上げが150食を超えると、営業日を週1回から週2回に増やした。

やがてチャンスが訪れる。立川の集合施設「ラーメンスクエア」の出店をかけたコンテスト（ラーメントライアウト）があることを知ると、生田氏は新提案の豚骨ラーメンをひっさげてこれに挑戦。みごとに優勝を果たす。立川での出店を前に、２００６年3月新宿ゴールデン街を卒業。同年6月には現在も凪の取締役を務める西尾氏、夏山氏とともに「ラーメン凪 渋谷総本店」を開業する。そして10月に立川店オープン。凪はインターネット時代の寵児としてファンを巻き込みながら成長を続けた。

２００８年には発祥の地、新宿ゴールデン街に舞い戻り復活オープン。当初は立川店で作った豚骨ラーメンを提供する予定だったが、「（既に知られた豚骨では）お客さまを驚かせることはできない」と、正式オープンを目前に方針転換。オープン日を延期して夜な夜な新しいラーメンの研究に没頭し、ついに新作の煮干しラーメンを完成させた。「開業日をずらすのは僕の場合よくあることで、本当に自分が納得するまでは店を開けないという考え方なんです。九州の人間なのになぜ煮干しなのかと聞かれますが、実は九州のうどんはいりこ（煮干し）出汁が多くて、子どもの頃からおやつの代わりにしょっちゅう食べてた。なじみのある食材だったんですよ」。

そうして以後、煮干しラーメンブームを牽引することになるのだが、当時、渋谷の店でやっていたクレイジーな企画にもふれておく必要があるだろう。

渋谷の営業スタイルは、昼は豚骨ラーメン、夜はカップ酒とつまみを出すラーメン酒場。夜の部で提供していたラーメンはなんと日替わり。つけめん、味噌、鶏白湯、鮮魚系、二郎インスパイアなど、開業から２００９年3月まで毎日違うラーメンを作って出した。レシピの数は１０００を超える。「日替わり麺の目的は、一つにはお客さまに喜んでもらうため、もう一つは自分たちのためです。日替わり麺を作り続けることで引き出しを増やしたかった。能力のある人間だったらこんなことやる必要はないかもしれないけど、凡人の場合は量が大事。質より量です。回数を重ねれば凡人だって上手くなれる。量をこなせば質が向上する。つまり、量が質に変わるんです。僕らがこうして事業を続けられるのは、量のおかげです。才能で劣るなら、誰よりも量をこなすしかありません。いまだって変わらない。うちの『すごい煮干ラーメン 凪』は煮干し一本に絞っています。時間もコストも一点集中で、どうやったらおいしくなるかだけを考えて作っています。たとえば、すごい煮干ラーメンには20種類以上の煮干しを使っています。煮干しとひと言でいっても魚種によってうま味の強い魚、苦味のある魚、香りの優れた魚というように個性があるし、産地や製法によって味の出方が違います。それを組み合わせて一杯にしていく。実際に一つずつ同じ条件で出汁を取るんですよ。一つひとつの味をみんなで確かめ、ブレンド比を決めていきます。元だし（タレ）も日々変えています。たとえば砂糖の量だけを考えても、まずは『0』『50』『100』で作って試し、『50』から『100』の間がいいと思ったら、今度は『50』『75』『100』で試す。その結果、『75』がおいしいことが分かる。普通ならこれでOKですよね。ところが僕らは違う。今度は『75』の周辺を探し始める。『70』『75』『80』を試すと、『80』には『75』とは違うおいしさがあることに気づく。そうしたら『75』『77・5』『80』で比べたらどうだろう？　となる。あとはこれの繰り返し。いまのは砂糖だけの話です。ほかの材料に関しても全部これをやる。調理方法もすべてこれの繰り返し。だから味では絶対に負けない自信があります。それが、天才肌じゃない僕らのやり方。凡人の味づくりです。徹底的にやる。愚直に回数を重ねる、ただもうそれだけです。さすがに会社がこの規模になると僕だけではそれはできません。だからいまは、元だし、スープ、麺などを分けて社員に担当を持たせ、それぞれが深掘りをする仕組みに切り替えました。僕の役割は決定すること。だけど、その前段階までは、できるだけメンバーに手を動かすチャンスを与える。手を動かさないことには力になりませんから」。

凪グループは2010年に海外進出を果たし、現在は国内に9店舗、海外に直営・提携含めて17店舗を展開する。社員は約30名、アルバイトも含めると100名を超える大所帯となる。

「これから先はいかに組織力を強化するか。いまはそこに力を注いでいます」

その言葉通り、月に数度の勉強会、社外研修、煮干し産地での産地研修、海外研修など、教育制度を充実させ、会社のめざす方向と社員それぞれの価値観のベクトルをそろえようと努力する。生田氏が2005年に手描きで書いた「夢の地図」は、現在は社員全員が持つポケットサイズの手帳の中に、数字として刻み込まれている。

「1年後はどうなる。5年後はどうなっている。目標を具体的な数字にして落とし込むんです。この数字ですか？　毎年幹部で話し合って目標を更新しています。新しい知識やアイデアがどんどん増えてくるので、それを加えて数字を練り直す。そうして目標を明確にして、ゴールから逆算し、いまできることに邁進する。やり方は変わりません。学園祭の延長ですよ。いかにレベルの高い学園祭をやるか。会社というより学校に近いかな。もちろん成果を求め、成果の出ないことは極力やらないけど、そこには自分たちが楽しむ要素が入っている。だから面白い。去年と同じ仕事をしている社員は一人もいません。凪というチームの力がどんどん高まって、ステージが上がっているから。現場があって、本部があって、ともに一つのチームとしてレベルアップしていく、全体で成長するんです。だからうちはみん

な驚くぐらい社員にお金を使います。たとえばうちでは、タバコをやめたらお金がもらえます。僕のポケットマネーで30万円。この制度を作ったら半数がタバコをやめました。でもこれで、その人の人生が劇的に変わるんです。うちのオフィスにPepperくん（ソフトバンク社の感情認識ヒューマノイドロボット）がいます。200万円ぐらいかけて導入しました。もちろん、いまは何の利益も生みません。他人からは『あんたはおかしい』と言われます。でもここにお金をかけられるかどうか、なんです。はたから見たらおかしいですよね。だけど、10年後、20年後には絶対に回収できると思っています。そう考えたら安い買い物です。この先、ラーメン業界は本当に厳しい時代に入ります。人口減少、消費増税。いままでのやり方では勝てない時代が来るでしょう。そういう中で僕らはラーメンを通していかに人を楽しませるか。麺と麺でどう繋いでいけるか。ラーメンの枠組みを越えた煮干王国のイベントも、煮干しを肥料にしてネギを育てているのも、麺を通じて世界を繋ぐという目的では同じ。麺と麺で繋ぐ。いいでしょ、この言葉」。

凪の「すごい煮干ラーメン」はとにかく強烈だ。食べたその日は一日中煮干しの香りが口腔内を支配する。だからだろう。何かの拍子にまた強烈に食べたくなる。

「上品な出汁の魚もいれば、えぐみの強いやつもいる。それが混じり合ったときに、グッと深みが出る。人間だってそうですよね。いいところも、悪いところもあるから面白い。酸いも甘いも知っている人間ほど、爺さんになったときの迫力が違う。凪の商品も会社も、そうありたいと願っています」。

どうしようもなく人間くさい。だから僕らは、凪のラーメンにまた会いに行きたくなるのだ。

岩立伸之

牛骨らぁ麺　マタドール

いわたて　のぶゆき

1976年東京都足立区生まれ。「独学料理人」として10年あまり料理技術を磨き、27歳の誕生日にラーメン界に入門。2011年7月21日、"闘牛士"の名を冠した牛骨ラーメンの専門店「牛骨らぁ麺 マタドール」を開業する。

約束

昔からラーメンがそれほど好きだったわけではない。若い頃はむしろ「自分でお金を出してまで食べるほどのものではない」とさえ思っていた。

飲食の世界に入ったのは17歳のとき。夜間高校に通いながら飯田橋の喫茶店で働いた。食事に力を入れた喫茶店で、スパゲティやピザトーストなどを作って出していたという。その後、新宿2丁目のゲイバーで料理を作ることになり、レシピ本を参考にしながらレパートリーを増やしていった。自称「独学料理人」。当時の師匠がレシピ本なら、店の〝姉さん〟たちは舌鋒鋭い辛口評論家だ。「手厳しかったですよ。まずけりゃ『まずい』。切干大根なんて出そうものなら『貧乏くさい』。容赦なかったですから」。高価格帯の店だったので、料理に対する要求も高かった。ある年などは1年間毎日違うお通しを出した。「1年で350品。さすがにつらかったけど、すごく勉強になりました」。

新宿2丁目の〝料理学校〟は結局、7年間で卒業する。「ゲイバーで働いていた頃ですね。自分はこの先、料理で生きていこうと決めたのは。当時はイタリアンとか創作居酒屋とか、そういうジャンルで独立したいとぼんやり考えていたんです」。

その後、縁あって地方にあった保育所の調理スタッフに。そこは食物アレルギーの子どもたちが集まる施設だった。

「小麦、卵、えび、かに、そば……。原因食物は一人ひとり違います。普通の給食なら3～4品目作れば一食が完成しますが、その園では5人の子どもに対して10品目とか、それ以上を作らなくちゃいけません。この子は小麦と卵がダメだからこの組合せ、あの子はえびとかにがダメだからこの組合せ。それぞれ違う。だから大変でしたよ。それに僕、子どもが正直得意じゃなかったし。だけどそのうちに〝給食を作ってくれる人〟として、だんだん子どもたちが『ノブ兄ちゃん』『ノブ兄ちゃん』と慕ってくれるようになりました。あるとき子どもたちと話していて、何かのタイミングでラーメンの話題になったんです。そうしたら、どの子も共通してラーメンが食べられないことが分かりました。たしかに麺の主原料は小麦だし、卵が練り込まれた麺もある。出汁を取るのにサバが使われているかもしれない。とにかく何かしら引っかかるんです。それで僕は子どもたちに約束しました。『よし分かった！ノブ兄ちゃん、何年かかるか分からないけど、おまえらが食べられるラーメンを作るよ』。いま考えたらものすごくハードルの高い約束をしちゃったものです。当時はよく分かっていなかったんですね」。

保育所での調理ボランティアを終え、東京に戻ってきた岩立氏は、初めてラーメンを自分の意思で食べ歩くようになった。そしてその調理技術を学ぶため、ラーメン店で働くことを決意する。

食べ歩きの中で「ここだ」と思ったのが当時、護国寺にあった「柳麺 ちゃぶ屋」。言わずと知れた森住康二氏が手がける人気店だ。「決めた理由は厨房設備がしっかりしていて、店主が洋食出身であること。ラーメン以外にもいろいろ勉強させていただけると思ったからです」。面接を受けたのは2003年7月17日。奇しくも27歳の誕生日だった。そしてこの日、ラーメン職人「岩立伸之」が産声を上げた。

岩立氏はここでラーメンに関する調理技術の基本と、職人としての精神性をたたき込まれた。

「たとえば、なぜ店を掃除するのか。それはお客さまを迎えるにあたってのおもてなしの気持ちだと教えられました。ラーメン職人としての技と心の部分は、ちゃぶ屋で学んだことが大きいですね」。

森住氏の下で修業したのは3年弱。その間に2号店の店長を2年近く務めた。

その後、堀切の「麺香房 天照」へ。ここでは入店からわずか1カ月で店長を任されることになる。

「天照では店長としてはじめて数字と向き合いました。原価率や仕入れ値の管理、損益分岐点、目標設定など、一つの店舗を回していくために必要なさまざまな数字に対する考え方が身につきました」。

ところが自然気胸という肺の病気にかかり1カ月間入院。現場に戻る頃には自分のイスはなかった。

続いて竹ノ塚の「しおの風」へ。ここでは店づくりや店舗経営の考え方を学ぶ。当時33歳。

「だんだんですね。勤務時間や労働内容がちょっとキツいなと思うようになってきたんです。年齢のせいですね。この分では独立が1年遅れるごとにだいぶ自分の体がしんどくなるぞ、と。だけど独立開業しようにもそのための資金がない。気持ちばかり焦っていました。そんなとき、ラーメン職人のオーディションが開催されるという話を耳にしたんです」。

2010年夏、そごう大宮店のラーメンテーマ

パーク「ラー戦場 大宮情熱屋台」への出店をかけた「第1回ラーメン職人オーディション」が開催される。岩立氏はそこに牛骨で出汁を取ったラーメンを出品。書類審査を通過し、面接、実食審査を経て、2位に大差を付けて初代チャンピオンに輝いた。

「牛骨というアイデアは『ちゃぶ屋』の頃から温めていました。焼き肉屋さんの冷麺やユッケジャンスープは牛骨ですよね。あんなに旨いのに牛骨でラーメンを取る店はほとんどない。なぜならBSE問題の後、牛骨ラーメンはほぼ絶滅状態になっていたんです。市場的にもBSEはだんだん下火になっていたので、いま牛骨で出したら独占市場だ。ブルーオーシャンだと思いました。だけど実際にやってみると牛骨スープはとにかく足が早い。豚よりも鶏の方が早いといわれますが、その鶏よりもさらに早い。食材管理も大変で、それに加えて原価が高い。作って初めて分かりました。牛骨に手を出す人がいない理由が。経営的なメリットがものすごく低いんです」。

開店にあたり、原価率の高さは最初の壁になった。「僕が出品した商品の原価率が40%くらいだったんです。ところがラー戦場側から25%まで下げなさいと言われました。応募当初はそんな条件はなかったのに。でも仕方なく原価率を調整しました。そのために使いたかったものが使えなくなったりもしましたが、枠の中でなんとかブラッシュアップして限界に挑戦しました」。

原料の見直しなどもあったが、晴れてその年ラー戦場内に「牛骨らぁ麺マタドール」をオープン。希望に満ちた船出だった。

ところがフタを開けてみれば予想に反し、なかなか客が集まらない。ラー戦場のほかの店はにぎわっているのにマタドールだけはガラガラだった。

「本部からは、オープン日にこんなに売れなかったラーメンは施設10年以上の歴史の中で初めてだと言われました。結局、集合施設では未知なるものを食べたがる人って少ないんです。そんな調子で1カ月ぐらい売れない状態が続きました。本部もしびれを切らし、『屋号自体は牛骨らぁ麺のままでいいけど、券売機は醤油らぁ麺マタドールにするから』といって名前を変更させられました。そうしたらポンと売上が伸びたんです。悔しかったですね。このときの悔しさは一生忘れません」。

その後、売上は徐々にアップしていったが、ラー戦場は契約満了のために半年で卒業する。

そして2011年7月21日。地元北千住に「牛骨らぁ麺　マタドール」を開業。大宮時代に雑誌の取材などを受けてラーメンフリークから注目されていたこともあり、オープン直後から客入りは好調だった。3カ月目でオープン景気がひと段落して、いったん客足は落ちるものの、雑誌のランキング企画などで注目を集め、じわじわと客数は増加。翌年5月、葛西臨海公園で行われたラーメンイベントに出店すると、それを契機に客数は1.5倍に跳ね上がった。

「イベントに出たことでフリークではない一般の方への認知度が高まったのかもしれません。その後もイベントに参加するたびに翌月、翌々月の客数が伸びるというはっきりとした傾向が見えてきました。地方のイベントに出てもやっぱり売上が伸びる。イベントに来たお客さまが実際の店舗にお越しくださっているんですね。ありがたいことです」。

いつしか「マタドール」は「ソラノイロ」「饗くろ㐂」とともに〝2011年組〟と呼ばれるようになり、開店から1年経つ頃には行列の絶えない人気店になった。そうなると次第に「こういう物件がありますが、店を出しませんか?」と声が掛かるようになる。当初は出すつもりもなかったので断り続けていたが、知人の不動産業者から北千住駅前の空き物件を破格値で紹介され、食指が動いた。

実は岩立氏には、かねてから挑戦してみたいラーメンがあった。味噌。それも、牛骨で出汁を取った味噌ラーメンだ。

「味噌というのは開店当初からの課題でした。味噌にはマスキング効果といって臭味成分を吸着して臭いを消し去るはたらきがあります。実はこれがやっかいなんです。鶏・豚・牛の中で一番出汁感が弱く繊細なスープになるのが牛です。牛骨スープと味噌を合わせたときに、牛らしさはどこかへ消えてしまうんです。僕が2号店としてマタドールの看板を掲げるのであれば、牛骨スープであることがはっきりと分かる味噌ラーメンでなければやる意味がない。これは、割と高いハードルでした。一度本店で1週間だけ、宇都宮にある『花の季』さんの自家製味噌を使った限定麺を作ったことがありました。このときの経験で、牛を感じさせる味噌ラーメンの突破口がちょっと見えたんです」。

その後、先の駅前物件の話が舞い込み、2号店の構想がムクムクと形をなしていった。

「どうせなら誰もやったことのない味噌ラーメンにしよう、と思いました。濃厚な味噌ラーメンは日本全国にごまんとある。その濃厚さというのは、背脂チャッチャか、豚骨でドロドロにしているか、野菜の繊維質を溶かし込んで濃度を上げるか、やり方としてはだいたいこの3つなんです。実は味噌自体が濃厚な味噌ラーメンというのはなかったんです。それで全国の味噌を調べ上げ、一杯当たりの味噌の使用量を上げてもしょっぱくならない味噌の配合を研究しました。そうして『牛であることが分かること』『味噌が濃厚であること』、この2つのハードルをクリアした商品が完成したんです」。

2013年10月、「みそ味専門 マタドール」をオープン。ところが最初の1年は集客に苦労した。

「やっぱり味噌ラーメンというと純すみ系（さっぽろ純連・すみれ）だったり、昔ながらの味噌のイメージが強いんですね。一口食べて『ん？　甘い。ドロドロしてる。何、これ？』みたいな感じで、なかなか受け入れてもらえませんでした。1年の間に何回味噌をいじったのか分からないぐらい改良しました。だけど、根っこの部分では変えていません。自信があったから。レセプションのとき、評論家の北島秀一さん（2014年逝去）に言われたんです。『たいへん素晴らしい味噌ラーメンです。だけどこのラーメンは誰もが一概においしいとは最初は言わないでしょう。長い時間を掛けて売れるラーメンになると思います』。1年かけて辛抱して売って、まさにその言葉通りになりました」。

岩立氏は言う。「ラーメン職人は画家や音楽家と変わらない。自分の表現したいものが絵なのか、音楽なのか、それとも味なのかの違いであって。みんな、アーティストだと思うんです。僕の中ではまだ譜面になっていない新曲がたくさんあります」。

さて。子どもたちと交わしたあの約束は……？

「到達点は遙か先だけど、基本的にはどの商品もそこへ向かうという考えで作っています。出所が分からない食材は極力使わない。材料費優先で粗悪な調味料を使わない。ラーメンは大衆食ですよね。僕が思う大衆食は、価格が手頃なのはもちろんだけど、たくさんの人が『安心して』食べられること。どれだけおいしく安全な料理を提供し、お客さんに笑顔で食事の時間を楽しんでもらうことができるか。そこに僕たちが商いをする意味がある。そう思うんですよね」。

誰もが安心して食べられるラーメン。その究極の目標への道のりはまだ遠い。けれども岩立氏は一歩ずつ、牛歩でその歩みを続ける。

いつか、遠い日の約束を果たすために。

上田みさえ

麺家うえだ

うえだ　みさえ

1943年東京生まれ。インテリアデザインの仕事を経て、シングルマザーとなった後は喫茶店、焼鳥店、居酒屋、焼肉店を経営。1999年「牛骨らーめん 鬼火山」開業。2004年、店名を改め「麺家うえだ」にリニューアル。

生き様

ベースボールキャップにおかっぱ頭、Tシャツを肩までまくり上げ、両手に持ったガスバーナーで丼を炙れば火柱が上がる。七十代にして毎日厨房に立ち、個性的なスタイルとド派手なパフォーマンスから「みさえちゃん」と親しまれる名物店主。なるほど、テレビは放ってはおかないだろう。だけどこの人ほど、マスコミの怖さを知る店主もいない。

ラーメン店のスタートは56歳。それ以前は焼き鳥店、居酒屋、焼肉店を同時に切り盛りし、億単位の年商を稼ぎ出す〝やり手ババア〟と陰口を叩かれるほどの経営者だった（ただし本人は「わたしへの讃辞だね」と一向に意に介してはいないけれど）。

しかしその実は、「せめて人並みに教育を受けさせたい」と、寝る間を惜しんで女手一つで息子を育て上げたシングルマザーでもあるのだ。

自身53歳のときに子どもが結婚。「もうガツガツ稼がなくてもいい」と思ったみさえさんはこれを機に店舗の整理を始める。第二の人生のスタートだ。

選んだのはラーメン職人。「それまで板前を雇って厨房を任せてきたけど手抜きもあったりして。でも辞められたら困るから強くは言えない。どこか一歩引いちゃう、そういう自分に嫌気がさしてね。だから次は好きなことをやろう。定年退職したおっちゃんが絵を描いたり、陶芸するでしょ。わたしの場合はラーメンだった。ラーメンなら作り手を雇わなくても自分一人でやろうと思えばできるからね」。

好きにやりたいという言葉通り、ラーメンは独学。焼き鳥も居酒屋も焼肉も手がけてきたから、なにせ引き出しは多い。数ある選択肢から選んだのは牛骨だ。当時牛骨ラーメンの店は少なかったし、牛の扱いには一日の長がある。勝算ありと見た。

「だけどやっぱり素人だから、思うような味にならなくて何回もスープをぶん投げました。店の工事も終わり、近日オープンって表には貼り出したけど、味が決まらなくて店は開けられない。それでも試作のために材料を買っていたから、収入ゼロなのに卸には1カ月で30万円以上の支払いがありました。勉強代と思って腹を括ったけどね」。

当初の予定から遅れること2カ月。1999年6月14日に「埼玉牛骨らーめん 鬼火山《きっかざん》」をオープンする。

滑り出しから客足は順調。牛骨や女性店主というキーワードも手伝って、すぐにさまざまなメディアに取り上げられた。「すごいと思いましたよ。いままで何十年も店をやってきたけど、テレビに出るなんてことはなかったから。ラーメンだったらこんなにもテレビが来るんだって唖然としましたよ」。マスコミ取材が入るごとに客は増え、すぐに行列店の仲間入り。その勢いはおよそ1年半続いた。

しかし2001年9月10日、国内でBSE（牛海綿状脳症）の疑いがある牛が発見されたと農水省が発表。その後も各地で感染牛が発見され、消費者の

牛肉離れが一気に進んだ。いわゆるＢＳＥ問題だ。牛骨で売り出していた「鬼火山」も当然、対岸の火事というわけにはいかなかった。

「すぐにマスコミが押し寄せました。毎日のように中継車が来て、『大丈夫なのか』とか『寸胴を見せてくれ』といって厨房に入ってくる。まるで事件の現場ですよ。テレビ報道のたびにお客さんは減っていきました。その頃は多い日で２００人ぐらいお客さんが来ていたけど、それが３分の１、４分の１とどんどん減ってね。店の前を通る人が『ここだよね（狂牛病を出した店は）』と聞こえよがしに言うんです。病原菌の巣みたいに。あれだけお客さんを連れてきてくれたマスコミが、お客さんを全部奪っていきました。すごいなと思いましたよ。あるときね、やっぱりテレビの取材が来て、わたしも腹が立ったから『明日から牛骨は作りません』と言ったんです。そうしたら『明日から作らないと張り紙をしてくれ』と言う。それで本当に張り紙を出して、その日の夜中にまったく別のラーメンを作りました。わたしもまだ強気だったんだね。これは神が与えた試練だろう。よっしゃ、乗り切ってみせようじゃないのって」。

　牛骨の次に目を付けたのは薩摩地鶏だ。「店の名前から『埼玉牛骨』を取って、のぼりも全部『薩摩軍鶏《しゃも》』に変えました。だけど鬼火山の名前は変えなかった。だってわたしが悪いわけじゃないから。薩摩軍鶏に変えた途端にテレビの取材はなくなったけど、お客さんも来ないから暇でしたよ。それでも応援してくれる人がいて、少しずつお客さんが戻ってきて1日70~80人ぐらい入るようになったかな。ようやく軌道に乗るぞというときに今度は鳥インフルエンザですよ」。

　２００４年1月、山口県の養鶏場で６０００羽の鶏が死亡。国内初の鳥インフルエンザウイルスが検出された。「鬼火山」で扱っていたのは鹿児島県産だったが、軍鶏のスープを謳っていたために、またもや連日マスコミが押し寄せることになる。

「鶏でスープを取っているラーメン店なんて日本中にあるんです。それなのにどうしていつもうちなんだろう。結局、わたしのキャラが濃いせいかな。これでもう完全にダメになりました。1日の売上げは2万円台にまで落ち込みました。完全に赤字ですよ。厨房に立っていても、生気がどんどん地面に吸い取られていくようでね。出口の無い地下道に潜り込んじゃったような感覚です。ネズミの穴でもいい、ゴキブリの穴でもいい、とにかくどんなに小さくてもいいから、どこかに抜け穴がないかとうろうろ彷徨っていたような気がする。夜布団に入るときには、もうこのまま朝が来なければいいと何回も思いました。そんなこといまだからいえるのであって、当時は誰にも相談できなかった。気の強い上田みさえで通っていたから。あるときフッとね。生卵が大好きなわたしが、しばらく前から卵を生で食べていないことに気づいたの。鳥インフルエンザ報道のおかげで無意識のうちに生卵を遠ざけていた。あぁ、これなんだと思いました。みんなの中に鬼火山を潰してやろうなんていう気持ちはないんです。自然と足が遠のいているだけなんです。でも、それが一番怖い。風評被害は本当に霧のようなもので、目には見えない、形のない霧が襲ってくるんです。両手ではね除けようとしてもどうにもならないんです。それでも、ラーメンをやめなかったのは正解でした。30年間飲食をやってきて、こんなフィニッシュはないはずだ。自分でミスをしたというのならそれもしょうがない。だけど、まずくて客が離れたわけでも、食中毒を出したわけでもない。負けてたまるか、そう思った。結局たどり着いた結論は、職人である以上、味で勝負するしかないってこと。牛がダメ、鶏がダメ、それなら豚でいくしかない。濃厚魚介も頭をよぎったけれど、当時すでに浸透していたでしょ。若い女の子のデビューにはいいかもしれないけど、おばちゃんの再々デビューだ。だったらほかの誰もやっていないものをやるしかない。それで考えたのは、薄いスープか濃いスープ、どっちの方向でいくかということ。薄い豚骨スープなんて出したって誰も喜ばない。だったらとことん濃くしてやれ。さて、思いついたのはいいけれど、どうやったものだろう。毎日、いろんなことをやりました。スープを炊きながらウトウトしちゃってスープを焦がし、寸胴一本ダメにしたこともあります。気がつくと冷蔵庫にもたれかかって寝てるんですよ。それぐらい、昼も夜もなくやってました。毎日来てくれるお客さんもいて、『おもしろい』なんて言って応援してくれて。そんな声を聞いたらわたしも乗ってきちゃうよ。どこまでも濃くしてやろうって。そのうち、材料を煮て取り出し、骨を外してまたドロドロになるまで煮るという手法にたどり着きました。それがいまの『特濃』です。だけど最初は売れませんでした。それで、やっぱり店名がいけない、鬼がいけないと思うようになって、いろいろ考えていたら、パートさんから『麺家上田にしたら?』と言われて。そうね、それじゃあひらがなで『麺家うえだ』にしようとなりました」。

鳥インフルエンザが発生して3カ月後の2004年4月11日、「鬼火山」を閉店。6日後の4月17日に「麺家うえだ」として再出発する(庇に竹ぼうきを挿した斬新なデザインもこのときに生まれている)。

「ありがたいことに、ラーメンフリークさんたちが来てくれてね。ネットでわーっと広まって。石神秀幸さんや大崎裕史さんがメディアで紹介してくれて。そのうちにドロ系なんて言葉も生まれて。ありがたいと思う。本当に。家も売ったし、息子にもだいぶ援助してもらったし。本当に申し訳のないことをした。だけどね。BSEがあって、鳥インフルエンザがあって、だからいまのわたしがあるような気がする。それもこれも、いまだからいえること。鬼火山で牛骨をやっていたとき、お客さんは地面から湧いてくるような気がしたもの。もしあのままだったら鼻持ちならないラーメン屋のババアになっていたと思う。いまは違う。お客さんが来てくださることは本当に大事なこと。いまは『ありがとね』『ごめんね』と心の底から言えるようになりました。丁寧な言葉じゃないよ、わたしのは。でも、わたしが『ありがと』と言うとお客さんがパッと振り向いてお辞儀をしてくれる。気持ちが伝わる言葉ってあるんだね。わたしは、いまの自分が好き。謙虚でいられる自分が好き。きっと神様が上田みさえの性格をたたき直そうと思ったのかもしれないね」。

「特濃らーめん」でみごとなV字回復を果たした「麺家うえだ」と〝上田みさえ〟は再びマスコミに愛され、比例して客数も伸びていった。そうして「麺家うえだ」は、BSEにも鳥インフルエンザにもぐらつくことはないブランドを築き上げていった。

この頃から、みさえさんは自分の店だけではなく周囲の店を巻き込んだ企画を始めることになる。2006年には埼玉県内のラーメン店主を集めて一枚岩で業界を盛り上げようと「彩岩（SAI・ROCK）軍団」を結成。2008年には「埼玉にご当地ラーメンを作ろう会」の発足に参加し、ご当地ラーメン「焦がし醤油らーめん」を開発する。「焦がし醤油らーめん」は現在、「特濃」をしのぐ一番人気メニューだ。

ラーメンを愛し、徹底的な現場主義を貫いてきた。店舗の上に自宅があり、73歳のいまも朝5時半から店の支度を始める。「目覚まし時計なんかなくたって毎朝5時になるとパッと目が覚めるの。長年

飲食業をやっていると、腕時計をしないから、体の中にタイマーがセットされているんだね」。

変化もある。一昨年、初めて弟子を迎え入れた。それまでにも従業員は数多く雇ったが、レシピを教え、仕込みを任せることはなかった。いまは2人の弟子に自分が持つすべてを惜しげもなく伝授する。

「あの子たちがわたしを頼ってきてくれたというのもあるんです。だったらこの子たちを何とか一人前に育てよう。もともとは自分で始めた店だから、自分の意思でいつでも閉店してもいいと思っていたんです。でもこの頃は、この子たちに残してあげるのもいいじゃんと思うようになった。だからいまは、わたしは厨房の最前線でやらないようにしている。わたしが死んでも次の日から違和感なく店が回っていくよう、この店のこの厨房に彼らが立っていることが当たり前になるようにね」。

その言葉の通り、いま、みさえさんは主に調理補助に回っている。弟子二人が二丁バーナーで火柱を上げて「焦がし醤油らーめん」を仕上げる横で、作業をフォローする。みさえさんのパフォーマンスを期待して訪れた客にはちょっぴり残念かもしれない。しかし「麺家うえだ」を末永く残すために決めたこと。みさえさんは以前よりもいっそう目配り、気配りを働かせ、客に声をかける。

取材後にみさえさんがフッと見えなくなったのでその姿を捜すと、洗い場の影で客にも弟子たちにも見えないように背中を向け、下がってきた丼のスープの味を確認するみさえさんがいた。レンゲを顔に近づけて、かすかにうなずいたように見えた。

最後に聞いてみた。あなたにとってラーメンとは何ですか?

「生き様かな。わたしからラーメンを取ったら腑抜けになっちゃうよ」。そう言ってカラカラと笑った。

大西 祐貴

Japanese Soba Noodles 蔦

おおにし　ゆうき

1979年神奈川県生まれ。高校卒業後、父親の経営するラーメン店で修業。新聞販売店、アパレル業界を経て再びラーメンの世界へ。2012年1月独立。「ミシュランガイド東京 2016」にてラーメン店で世界初の一つ星を獲得。

いまを乗り越える

ラーメンは、自分を表現するもの。

「あなたにとってラーメンとは何ですか?」という質問に対して、大西祐貴氏は迷うことなく言い切った。「俺のラーメンは俺自身」というわけだ。

なにもミシュランガイドで星を獲得したからこう言い出したわけではない。実際このコメントも、星を獲る前の取材で言質を取っている。大西氏にとってラーメンとは一貫して自己表現のための手段なのだ。

5年間身を置いたアパレル業界から、一度は離れたラーメン界への出戻りを決意したのも、「エンドユーザーに自分の仕事を直接見てもらいたい、認められたい」からだった。29歳、父が営むラーメン店「めじろ」で修業を再開。父の味を守りながらも、自分なりの味を求めて限定ラーメンを出し続けた。

転機は2011年4月。のちに「アニキ」と呼んで慕うことになる山本敦之氏(金色不如帰)と出会う。きっかけは、常連客から「大西さんによく似たタイプの人がいる。会ってみたらいい」と言われて店を訪れたこと。

「食材への向き合い方がすごい。食材に関する知識がとにかく深い。山本さんに会って自分の未熟さに気づきました。山本さんのように個性的なラーメンが作れる職人になりたい。この人に近づきたい。この人を超えるぐらいになりたい。そのためには『めじろ』を出て独立するしかないと思ったんです」。

他人に認められたいという承認欲求から、味を突き詰めたいという自己実現欲求に変わった瞬間だ。

出会いから半年後、「めじろ」を辞めて物件探しをスタートする。最初は地元の神奈川県で探すが、『やるなら東京で勝負しろ』とアニキから言われ、いくつかの候補を経て巣鴨の物件にたどり着いた。

２０１２年1月26日、「Japanese Soba Noodles 蔦」をオープン。

開業後も二人の〝師弟関係〟は続く。


アニキは店づくりにも味づくりにも、助言を求めれば真摯に向き合ってくれた。徹底的に素材を深掘りする姿勢、うま味の勉強をするようになったのもその影響だ。

「会えば素材の話ばかりしています。だけど昔から山本さんは簡単には教えてくれないんです。僕が自分で素材を探し出し『うちでこれを使い始めたんです』と言うと『あぁ。うちも使っているよ』とはじめて明かしてくれました。ようやく最近ですよ、聞いてすぐに教えてくれるようになったのは」。

おかげで素材に対しても自分なりのアプローチをするようになった。

「うちでいま青森シャモロックという地鶏を使っています。僕の場合は、青森シャモロックを使うのに当たってこれが何と何の掛け合わせかを調べるんです。横斑シャモと横斑プリマスロックの掛け合わせであると分かったら、じゃあ横斑シャモって何だ？

となる。そうやって素材一つひとつの系統を遡っていきます。その上で実際にシャモロックを取り寄せて自分で解体し、手始めに水と1対1で炊く。それで特徴をつかんだら、比率を変えて何度も炊いて深掘りします。食材を知らずに使ったとしてもいいものは絶対にできないし、食材に対して失礼だと思うんですね」。

　とことん掘り下げる。とことん理解する。そして構成を組み上げる。

「シャモロックだったらスープの太い軸、アサリはうま味の余韻……。そうやって、すべての食材に対して意味を持たせながら構成を組み上げていきます。僕はあんまりシンプルイズベストって好きじゃない。複雑なものが重なり合って結果的にシンプルになっているのが好きなんです。それぞれの素材の存在感はある。だけど何かが突出するわけではない。そこに一体感があるというのが好きですね」。

　それにしても大西氏に取材をしていて気持ちが良いのは、スープに使う食材と、その一つひとつの効果をなんの躊躇いもなく包み隠さず明かしてくれることだ。これは山本敦之氏や宮崎千尋氏らの取材でも感じたことだった。

　一つには、生産者に対する恩返しの意味がある。ミシュラン一つ星店の店主がメディアで青森シャモロックや天草大王の名前を出せば、それだけで絶大な宣伝効果が見込まれるだろう。

　そしてまた一方で、これはハッキリ本人が口にしたわけではないけれど、食材一つを明かしたところで追いつかれないという自信も見え隠れするのだ。

　そう。「蔦」はとにかくレシピをいじる。基本メニューの「醤油そば」も「塩そば」も、スープやタレを日々改良している。だからたとえ他者が追いつくことができたとしても、そこに「蔦」はいない。

「頭の中でいいレシピが浮かんだら、すぐにそれに

切り替えたくなるんです。その時点でいま出しているものがストレスになっている。もちろん自信を持って出しているんだけど、頭の中ではもっといいのができているから、すごくストレスになんです」。

繰り返すが大西氏にとってラーメンは自分自身を表現するもの。麺もスープもタレも油も、現時点で最高と思う一つの結論である。

そしてそれは常に更新される。つまり、いま店で出している商品は過去のある時点での「大西祐貴」なのだ。逆に言えば、「蔦」のラーメンは作ったその時点で乗り越えるべき対象となる。過去と現在の「大西祐貴」による終わりなき追いかけっこの結果として「蔦」のラーメンがある。だから「蔦」のラーメンに完成はない。

「お客さんのスピードは早い。だからスタッフには『お客さんのおいしいは怖いと思え』といつも言っています。常に微調整を繰り返し、常に進歩した味を出していかないとすぐにソッポを向かれる。『今日もおいしかった』と言われるより、『もっとおいしくなったね』と言われた方がうれしいですよね」。

ある雑誌のランキングで「味噌そば」が味噌ラーメン部門の1位を獲ったことがあった。お客さんからの評判もよかった。けれども大西氏は躊躇なくそれをメニューから外した。

「周りからはびっくりされましたよ。普通はそれを守るものなのにって。だけど、納得のいく味じゃなかった。だったら守る必要なんてないですよ。本当にお客さんのために『もっとおいしいもの』を作りたいと考えているんだったら守ってちゃダメです」。

しかし、たとえば雑誌を見て「この味噌そばが食べたい」と思っていた客を裏切ることにはならないのだろうか。

「裏切ることにはなるでしょう。だけど、いい意味で裏切ることができればいいと思う。だから僕は二毛作で『味噌の陣』（現在休業中）を出したんです。以前の『味噌そば』とは根本的に違う、もっとおいしい『味噌そば』です。もちろん、前の方がおいしいという人はいますよ。それでもブレずに自分のものさしを信じるしかありません」。

自分は正しいと思っても、改良の方向性が間違うことはないのか。

「全部が正しいとは思っていません。僕も人間だからもちろん間違えることもある。だけど、それに気づいたらその時点ですぐに調整に入ります。常に見直す。常に改良する。自分が良いと信じたものをがむしゃらにやるしかない」。

ミシュランガイドの一つ星も、その逡巡と進歩の結果であると大西氏は受け止めている。

「評価をいただけたことは素直にうれしいです。がむしゃらにやってきたことが認められたわけですから。やってきたことは間違っていなかったと、自分に自信を持たせてもらいました」。

星を獲ったことで「蔦」は追われる立場になった。進歩のスピードをいっそう早めなければならない。そのために大西氏は現場を離れることを決めた。

しかし、現場を離れる可能性については星を獲る前から既に考えていたはずだ。その証拠に大西氏は2015年の秋に〝現場主義の大先輩〟である富田治氏（中華蕎麦とみ田）に会いに行っている。

「とみ田のホームページに、富田さん自身が『今の自分は中華蕎麦とみ田にとって必要なのか?』と迷い、しばらく休業したことが書かれていました。そして『自分が居ての中華蕎麦とみ田』という結論にいたったことを知りました。それをこの目で、肌で直接触れたく、ご挨拶も兼ねて松戸（中華蕎麦とみ田）におじゃましました。僕自身も、『蔦』の味は僕が厨房に立ってこそ、とずっと考えていました。だから本当に悩みました。そんなとき、富田さんから言われたんです。『そのときの自分自身の気持ちに素直になって身を委ねた方がいい』と。それで僕は現場から離れる覚悟を決めました」。

心の声に従った結果、富田氏は現場に立つことを決め、大西氏は現場から離れることを決めた。出した答は正反対だが、その根っことなる理由は同じ。「自分にしかできないことは何か」を突き詰めた結果だ。

富田氏は「自分の居ないとみ田はとみ田にあらず」と結論づけた。大西氏は「自分にしかできないことは、蔦の味づくり」だと考えた。どちらが正しいかはここでは問題ではない。どちらも自分のラーメンに真摯に向き合った結論なのだ。

「現場から離れても、味づくりの軸は僕自身です。2016年に入ってからは2号店だった『蔦の葉』（ミシュランガイドでビブグルマンに掲載されたがスタッフ独立のため2015年末より休業）の場所を研究所にしてタレの仕込みなどをし、以前よりも味づくりのスピードを上げています」。

ミシュラン掲載以降膨大に増えたマスコミ対応の時間を差し引いても、現場を離れたことで味づくりに集中する時間は確保できている。店舗運営の仕組みを変更したことで「蔦」の新陳代謝が活性化されたわけだ。

そしてそれをなしうるにはいっそうスタッフの力が必要になる。現在はタレ以外の部分、スープの仕込みや製麺をスタッフに任せている。

「なぜスタッフにタレ以外の作り方を教えるのかとよく聞かれます。僕がスタッフにスープを教えるのは、独立した後のために、うま味調味料に頼らないスープづくりを知ってほしいからです。スープづくりはラーメンの工程の中で最も素材にふれる作業です。そこで素材に対して何を感じ、どのような思いで一つひとつの作業を行うか。ラーメン店は日々、

同じことの繰り返しです。それを端折らずに、どれだけ毎日同じように丁寧にできるか。それが修業中にきちんとできなければ、独立しても何もできません。だから僕は、スープは教えます。毎日やってもらうようにしています。もちろん、味に対する責任は僕にあります。だからタレさえブレなければ味はほとんど問題ないようなレシピにしています」。

大西氏には夢がある。

「国民食であるラーメンはずっとB級グルメの印象が強かったように思います。だけど、ミシュランガイド東京の2015年版でラーメン店が掲載され、2016年版で初めてラーメン店が星を獲った。1000円以下の星というのもすごく珍しいはずです。これは僕だけの力ではない。先人の努力や、いまがんばっているほかのお店があってこその結果だと思います。僕が死んだ後でも構わないけど、いつかラーメンがB級グルメといわれないようになったらいい。そのためにはもっともっとみんながオンリーワンをめざす必要がある。何かが流行ったら誰もが『右にならえ』ではなくて。ラーメンは自由です。広がり方は無限大です。だけど、多くの人が目の前ばかりを見てそれを狭めているような気がします。ラーメンも、この業界も、無限の可能性があることは間違いありません。だから僕は少しでもラーメンの明るい未来のために貢献したい。明るい未来のために何かを残したい。山岸一雄さんや佐野実さんがすごく大きなものを残してくれたように。おこがましいけれど、僕もそういう何かを残す人になりたい。いまはそう思っています」。

ラーメンの明るい未来をつくる。それが、星を背負うものの責任。

「蔦」は、いつでも昨日の自分を脱ぎ捨てる覚悟がある。そのたびに「蔦」は、明るい未来に向けてその枝を伸ばす。

黒木直人

饗 くろ㐂

くろき　なおひと

1971年生まれ。東京都品川区出身。赤坂「三河家」で料理人キャリアをスタート。グローバルダイニング「権八」など料理界の第一線で活躍する。40歳を前にラーメンの世界へ。2011年組ビッグ３の一角と称される。

上質ということ

大将の1日はトイレ掃除から始まる。開店以来、営業日は毎日欠かさず。それが「板前時代から染みついた日課」だ。

〝清潔な調理場からでないと、おいしい料理は生まれない〟とは、かのジョエル・ロブションの口ぐせだが、「饗 くろ㐂」では毎朝、大将はじめ全員で掃除をし、場を浄める。仕込みはそれからだ。

まずは製麺機を動かして麺を打つ。これは大将の務め。製麺がひと段落したら焼豚を焼いたり、油を仕込んだり。そして、その日に使う材料の切り出し。その間も従業員が仕込んだスープや具材を都度味見してチェックを行い、ひと通り準備が済んだところで店を開ける。

昼の営業が終われば再び麺打ち。手の空いた従業員から賄いをかっ込み、夜の営業のための準備を始める。七味と梅以外は酢も油もすべて何かしら手をかけるというから休む間もない。

21時に暖簾を下ろし、最後の客を見送ったら再び麺打ち。「饗 くろ㐂」は定番3種類＋限定麺1種類、金曜日の「紫 くろ㐂」は4種類の麺を使うため、とにかく朝から晩まで製麺に追われる。

すべての作業が終わるのは23時から24時。

毎日大変ですね、と水を向ければ「へとへとですよ。でも、好きでやってるからね。ハッハッハ」とよく通るバリトンボイスで大将は笑った。

「黒木直人」を語るのに、その経歴は欠かせない。

魚屋の息子として育った黒木氏は自然な流れとして食に興味を持つようになった。高校卒業後は服部栄養専門学校に入学。当初はイタリア料理に進もうと考えていたが、「おまえがイタリアに行ったときに母国の料理を作れと言われたら何が作れるんだ？」と父親に諭され、卒業後は赤坂の割烹「三河家」に弟子入りする。

ここでの修業は6年間。調理技術の基本と〝料理とは何か〟をみっちりとたたき込まれる。料理とはすなわち材料を理解して、理にかなった方法で調えること。「ここで学んだことが料理人としてのベースになっています」と黒木氏は振り返る。

その後、念願のイタリア料理のお店へ。ここでは和食とは真逆の考え方を学ぶことになる。

「和食はいかに油を切ってさっぱりとさせ、素材の味を引き出すかが基本。対してイタリアンは素材をオリーブオイルで煮込むなど油をものすごく使う。まるで反対なんですね。和食は仕込みがすごく長いのに対して、イタリアンは仕込みがないとはいわないけれど仕上げに重点を置いている。アプローチがまったく違います。そういう意味でいえば『くろ㐂』のラーメンは和食に近い。僕のラーメンの肝は仕込みと盛り付けです。麺、タレ、スープ、トッピング、それぞれ仕込みに掛ける労力は相当なものがあります。そして繊細な盛りつけ。丼の中の空間取りなどは和食をやってきて本当によかったと思いますね」。

イタリアンのお店で4年間働いた後は、ブッシュ大統領が訪れたことでも有名な創作和食店の副料理長を務めたり、世界40カ国の要人が集まる国際会議のレセプションで料理監修を務めたり。料理界の第一線で活躍する。

そして、料理人としての絶頂期にあった35歳のある日、衝撃的な一杯に出会う。

腹が減り、ふらっと入ったラーメン店の名は「らーめん天神下 大喜」。初めて入る店だった。「当時はラーメンのことをほとんど知らなかったんです。大喜さんで、たしか特製とりそばだったと思いますが、食べたときに大げさではなくカルチャーショックを受けました。『なんだ、このラーメンは!』って。一番衝撃だったのは、春菊をボイルして刻んだものが入っていたことです。しかもその春菊にちゃんと仕事がしてある。それまでラーメンはこってり濃厚なのが好きだったこともあって、こうした繊細なラーメンがあることを知りませんでした。ところがこのラーメンにはこれでもかというほど仕事が詰め込まれている。感動でしたね。それがきっかけで食べ歩きを始め、ラーメンの魅力に引き込まれていきました。そのうちに『いままで自分がやってきたことを一杯に詰め込んだらどういうことができるんだろう?』そう思うようになりました」。

2011年2月、それまで勤めていた会社を退職し、6月、秋葉原に「饗 くろ㐂」を開業する。

黒木氏の転身を周囲は驚きを持って迎えた。応援する声も多かったが、面と向かって「どうしてラーメン屋なの?」と聞く人もいた。

「正直なところ、それがみんなの認識です。和食やフランス料理はもちろん、蕎麦やうどんと比べてもラーメンは一段下に見られている。それがすごく悔しかった。僕はラーメンを始めるまでに20年料理をやってきましたが、ラーメンが一番大変なんですよ。体力的にもそうだし、頭もフル回転させなくちゃいけない。気の張り方もハンパじゃない。一番頑張っているのに、そういう見方をされてしまう。価格もそうです。これだけ手間ひまかけているのに、パスタやそばに比べて低価格です。ラーメンで1000円を超えたら、すぐに高いといわれます。これだけ労力をかけて、これだけ真剣に打ち込んで、それでも報われないのはなんでだろう。自分はそこを変えていきたい。だからうちは〝上質と本物〟をコンセプトに掲げることにしました。

たとえば寿司はもともと大衆食です。江戸時代のファストフードです。でもいまや日本料理のトップの域じゃないですか。その一方で回転寿司のような庶民に近い業態もある。ラーメンにも、そういうのアリかなって思うんです。僕自身もラーメン1杯390円で出しているチェーン店にはよく行くし、町の中華屋さんが作るラーメンも好きです。そういったいくつかのカテゴリーの一つとして、本物といわれる素材を使って上質な仕事をしたラーメンを出す店があってもいいですよね」。

本物を標榜するからには中途半端なことはできない。海・湖・山から取れる塩を集め、理想の麺に合う小麦粉を全国から選り、杉樽仕込みの醤油文化が潰えてしまうと知れば木桶づくりにも参加する。

季節感を盛り込むのも黒木氏の大きなテーマだ。「ラーメンでこれまで何が足りなかったといえば、一つは季節感です。蕎麦だったら、夏はせん切りにした大根を和える『すずしろ』があったり、冬には『鴨南蛮』が出てきたり、天ぷらに使う素材で季節感を表現することもできます。でもラーメンの場合はせいぜい夏の冷やし中華ぐらいで、1年を通して代わり映えがしない。もともと日本人というのは季節感を大事にする民族です。山があり、川があり、自然との共生の中で文化を育んできた日本人は、料理でもそれを大切にしてきました。僕はそれをラーメンで表現したかった。それが限定麺を出す理由です。通常は2週間に1回、7月から9月第2週までの2カ月半は1週間に1回、新しい限定麺を出します。テーマは、その時季の素材でお出汁を取ること。ラーメンというと豚骨や鶏ガラが一般的ですが、それ以外の材料でもお出汁を取ることができるんです。野菜のお出汁はおいしいですよ。ごぼうなんかすごくいいお出汁が出ます。そういう季節のものを使って、しかも1000円前後で、いかに本物を出せるか。いかにラーメンの可能性を広げていけるか。いかにそれをお客さんに発見してもらえるか。そこが僕の中での醍醐味でもあり、伝えていかなければいけないことなんだと思います」。

くろ㐂に限らず限定麺を出す店は多いが、くろ㐂の面白いところは普通なら1日に10食、15食ぐらいしか出さない限定麺を80食も用意していることだ。

「うちは限定麺目当ての常連さんが多いんです。10食ではその時間に食べられないお客さんが出てしまいます。できるだけみんなに食べてほしいので、限定麺とはいえ多く出すようにしています」。

上質の追求は店構えにも表れる。

くろ㐂の店内は一見すると割烹のようだ。扉は白木の引き戸。白木のカウンターが厨房を囲み、中では大将を中心に職人たちが横一列できびきびとラーメンを作る。客席でその様子を見ていてあることに気づいた。ずいぶん厨房の中が見やすいのだ。

「ハハハ。計算なんです。カウンターの壁の高さは材料を入れるタッパーに合わせて設計しています。お客さんからは丼越しに僕たちの仕事ぶりが見えるようになっている。作る過程が見えるのって楽しいじゃないですか。カウンター割烹もお寿司屋さんも、それだから楽しいんです。銀座の高級寿司店に行くとガラスのネタケースなんてないですよね。

スッと下から木箱が出てきて、恭しくネタを取り出し、包丁で切る。そういう一つひとつの所作を見ていてすごいなと思うわけです。それだけで感動しちゃうんです。うちもそうでありたい。だから所作一つまで気にしています。たとえばスープを丼に入れるときはレードルの一番下を持ちます。そうするとよりいっそう繊細な料理を扱っているように見える。目線はレードルの先をしっかり見てスープを注ぐ。そうすると真剣さの伝わり方が違うでしょ。玉ねぎをみじん切りにするときに、まな板の上の玉ねぎがバラバラに置いてあるよりも、ビシッと一直線に並んでいた方がかっこいいですよね。だけど包丁の使い方が下手だったら台無しです。僕が従業員に求めるのはそういうことなんです。うちには食洗機がありません。洗いもの一つまともにできないやつがおいしいものを作れるはずがない、僕はそういう考え方です。ラーメン屋さんってそのあたりをおざなりにしてきたところがありますよね。それもほかの料理人から低く見られることの理由の一つなんです。僕はそこも変えていきたい。自分の持っている技術や、料理人として培ったすべてをもってお客さんをもてなしたい。そこまでやれば、もう少し上にいけるんじゃないかな。自分はラーメンにおける上質という分野のパイオニアになりたい、そう思うんです」。

ネックなのは滞在時間であると言う。

「ラーメン屋さんにいる時間はせいぜい20分ですよね。イタリアンやフレンチと違って、ラーメンは席に着いたらすぐに出てくる。これがラーメンの良さなんですが、上質という意味ではネックになる。だからといって1時間かけて食べる3000円のラーメンを作ろうとは思いません。そうしたらラーメンではなくなっちゃうから」。

やっていることは一流という矜持がある。けれど

も価格においては〝銀座の寿司店〟になりきれない。

ここに黒木氏のジレンマがある。ラーメンの枠を壊しながら、一方でお客さんが求めるラーメンの価格帯を踏み越えることはしない。その揺らぎこそが「くろ㐂」なのだ。

現代の名工にも選ばれる「すし善」の嶋宮勤氏は外国人記者から「あなたの寿司と回転寿司は何が違いますか?」と問われてこう答えた。「僕の寿司は、目の前にいるあなたのために握る寿司です」。

この言葉は「くろ㐂」のラーメンにも通じる。

「仕込みのときにね。常連さんの顔が思い浮かぶんです。そうすると下手な仕込みができない。焼豚を切り出す。ちょっと薄く切れてしまった。もしかしたらあの人が食べるかもしれないと思うとダメですよね。その積み重ねが想いのこもった一杯につながるんです。くろ㐂とセントラルキッチンの違い、くろ㐂と仕入れの麺を使う店とは何が違うのか。一杯に入る想いの量が違うんです。従業員一人が想いの入っていないものを仕込んだために、その従業員を帰らせたことがあります。『おれが想いを込めて打った麺、あいつが想いを込めて取ったスープ、そこに想いの入っていないおまえの具が一つでものったら、もうそのラーメンは本物じゃなくなるよな』って。大げさでしょうか? でも、それぐらいの想いを一杯に注いでいるんです」。

丼の中は足し算ではなく掛け算だ。そこに一つでも「0」の要素があれば、すべてが「0」になる。

「神田川俊郎さんが『料理は心』と言ったけど、それが真理だと思います。そこに想いがあるかどうか。技術じゃなくてね。お母さんの料理はおいしいですよね。だから家庭料理はすごいんです」。

「饗 くろ㐂」の屋号には3つの誓いが込められる。〝黒木〟が〝もてなし〟、あなたを〝喜〟ばせる、と。

小宮一哲

つけめん TETSU

こみや　かずのり

1976年東京都生まれ。2001年に株式会社ファーストリテイリング入社。2005年「つけめん TETSU」開業。2015年10月香港に初の海外出店を果たす。「つけめん102」「いつものねかせ屋」など現在7ブランドを展開。

守るもの

２００５年８月11日。希望に満ちた船出の１日は人生最悪の日となった。「つけめんＴＥＴＳＵ」のオープン初日、開店予定時刻より30分遅れてシャッターを開けると、待ちわびた客が列をなしていた。小さな店内の９つの席はすぐに埋まり、並んでいた客が次々と入ってくる。しかしこの喜ぶべき状況を楽しむ余裕は小宮氏にはなかった。他店で修業をした経験がないので、これまで何人前も同時に作ったことなどない。何とか１巡目をこなすものの、作ることに必死で客の順番が分からない。早く提供しようと焦るあまり麺を床にこぼす。作業に集中しようにも客の苛立ちがビンビン伝わった。「もう、ダメだ」。店を閉めることを決めたのは開始30分。「営業中」の札を「準備中」に替えて客をそれ以上入れないようにし、１時間で初日はギブアップした。失敗の理由はオペレーションの不手際。独学店主が陥る典型的なパターンだ。「初日で本当に辞めたくなりました」と小宮氏は振り返る。でも、踏みとどまったのは十代の〝あの頃〟に戻りたくはなかったから。高校を3日通っただけで中退し、自堕落に過ごした3年間。周りが就職や大学進学を決める中、自分だけが取り残されていく屈辱感。チャレンジもせず、負けを恐れて勝ちゲームしかしてこなかったダメな自分に戻りたくなかったからだ。

小宮氏は1日店を閉めてオペレーションを一から見直し、再び店を開ける。しかし今度は思うように客が入らない。それもそのはず。「つけめん」を看板に掲げながら自信があったのはラーメンの方。当時は「つけ麺は、ラーメンの麺としょっぱくしたスープを別々に出したもの」程度の認識しかなく、ハッキリ言えば「おいしくなかった」のだ。それでもつけ麺を売りにしたのは、冷めたスープに焼き石を入れるというアイデアをアピールしたかったから。焼き石は武器になる、必ずメディアが飛びついてくれる。いわばアイデア先行で「つけめん」を売りにしたのだ。「調理をしていて、お客さまが明らかに満足していないのを感じました」。味に問題があると気づいた小宮氏は、味づくりをもう一度見直す。「2年間、ほぼ毎日レシピを変えました。少しずつ自分の思う味が出せるようになり、お客さまは増えていきましたが、もっとおいしくなる、もっとおいしくなると味づくりを進めました。修業していなくてよかったと思うのは、『この味を出しておけばお客さまが来る』という拠り所がなかったから。だから自分で天井を設けず、味の向上に没頭できました」。

今日は求めている味が出せていないと思えば、並んでいる客に「お代はいただきません」と言って無料提供することもあった。ところがそれが「こんなにおいしいのに金を取らない。100点のときはどんな味なんだ？」とブログなどで評判になった。

やがて雑誌やテレビでの露出が増え、行列はどんどん長くなっていった。けれども「お客さまが増えるのと反比例して苦しみが増した」時期でもあった。「もっとおいしくなると味を突き詰めながらも、結局どこがゴールなのか分からなくなっていました。味づくりに呪われていたんです」。その呪いを解いたのが港区・高輪のテーマパーク「麺達七人衆ラーメン品達」への出店依頼だった。「全国何百軒も食べ歩いている品達のリーシング担当の方が僕のつけ麺を食べて、この味で出店してくれと言ってくれたわけです。初めて『この味でいいんだ』という拠り所ができました。じゃあ『このレシピでいこう！』となったんです。まァ、結局、1週間後にはまたレシピを変え始めているんですけどね」。

夢にまで見た出店依頼。しかも「なんつッ亭」や「せたが屋」など、憧れのスター店主たちと同じ土俵に立てる。気持ちは高ぶった。けれど、不安もあった。品達の賃料（家賃）は千駄木の7倍以上。店で働くメンバーは十代を共に過ごした地元の仲間たちだ。小宮氏には自分が彼らをこの世界に巻き込んだという思いがあった。「彼らの人生を預かっていながら、もし品達でコケたら間違いなく倒産です。それで腹を割って話しました。そのとき『かっくん（小宮氏の愛称）がやりたいならやろう。食いっぱぐれてもいいから』と背中を押してくれたんです。そのときのメンバーはいまもうちで働いてくれています」。

2007年12月、「麺達七人衆ラーメン品達」内に2号店をオープン。やるからには7店舗の中で一番になると目標を掲げた。「当時はまだつけ麺が市民権を得ていなくて。ここでうちが一番になれば、つけ麺がもっと認知されると、勝手に〝つけ麺代表〟の気分でした」。背水の陣で臨んだチームTETSUは身を削る努力で営業を続け、開店から1年が経つ頃にはついに月間売上でトップになった。

品達での成功もあり、そこからは精力的に店舗展開を進める。「もともと僕はラーメン屋のオヤジで

T&
102
TETSU
焼き石
TETSU
サイドメニュー
トッピング

とどまるつもりはなく、やるからには5店舗ぐらい経営したいという思いがありました。そのためにユニクロを展開するファーストリテイリングにお世話になり、労務管理や店舗展開を学ばせていただきました。多店舗展開するつもりでラーメン店をスタートしたんですが、最初はそれどころじゃなく味づくりに没頭した時期もありました。オープンして2年目に交通事故で尾てい骨を折ったことがありました。被害者だったので相手の保険会社から休業補償をしてもらえることになったんですが、前年の所得で算定されるのでほとんどお金は出ません。僕が休めば店が回らず従業員の給料も出せない。結局、1日休んだだけで店を開け、骨折したまま仕事を続けました。折れたのが腕じゃなくて良かったと思ったほどです。そのときに、自分が店に立てなければやっていけない店ではダメだ。従業員のためにも店舗展開をしないといけないと思いました」。

現在は海外1店舗を含む32店舗を展開（2016年5月現在）。社員約200名の大所帯となっている。千駄木や品達の店がオープンした頃のように厨房に立つことはなくなったが、そこに迷いはない。「つけめんTETSUで出している濃厚豚骨魚介は、いまでは決して珍しいものではありません。それでも自信を持って出せるのは、毎日9000人を超えるお客さまがうちを利用してくださっているという数字の裏づけがあるから。来てくださるお客さまのためにもいいものを提供したい。そのためにはQSC（クオリティ・サービス・クレンリネス）を徹底的に磨き上げる。基本ですがこれに尽きます。そこを自分たちが満足いくところまでやって、それでも売れなかったら仕方ないと割り切るしかありません。たとえば品質管理でいえば、毎日店長から上がる『麺の茹で時間』の報告があります。温度・湿度が変われば茹で加減が変わります。だから店長に毎日茹で時間を報告させています。ところが同じ麺を使っていてもA店では6分、B店では7分と差が出る場合がある。さすがに1分の開きがあると不安になります。そこで両店に電話を入れて大丈夫かどうか確認をします。基本的には各店の味は店長に任せていますが、統括マネージャーや僕が店に行ってチェックを行い、品質を管理しています。衛生面にも気を遣っています。おそらく他社さんよりも衛生管理にお金を掛けているはずです。それから、労務環境の整備にも力を入れています。飲食業界全般にいえることですが、デフレ下の中で、どちらかというと働いている人にしわ寄せがいき、それにより売値を安くして勝負をしてきたという部分がありました。うちの場合は働く人にしわ寄せがいっちゃいけないと考えているので、たぶん他店のつけ麺に比べて商品の値段が50円ぐらい高いんじゃないかと思います。商品を売って出た収益をきちんと働いている人に還元し、安心安全にもしっかり投資し、それでもし商売が成り立たないのだとしたら、やっぱり健全な経営ではないと思うんです」。

現在は、さらなる組織力の強化に注力する。

「働くことの原点は〝食べていく〟こと。働いてお金を得て、自分が食べられるようになる。所帯を持ったら、家族が食べていけるように働くわけです。僕は28歳でＴＥＴＳＵを立ち上げ、がむしゃらに頑張って自分が食べられるようになりました。会社を大きくしたことで僕に何かあっても家族は食べるのに困らないぐらいにはなりました。その次に、従業員を食べさせるためには何をすべきか考えたときに、僕に何かあっても会社が潰れないように組織の資本力を高める必要があると考えました。そのために考えたのが株式上場か資本業務提携です。そう思った矢先に東日本大震災が起きました。幸いなことにＴＥＴＳＵの店舗で重大な被害に遭ったところはありませんでしたが、この先もし首都圏で同じ規模の地震が起こったら、グループ全体が壊滅的なダメージを受けることは避けられません。そうすると僕は家族や従業員を食べさせることができなくなります。Ｘデーはいつ来るのか分からない。迷っている時間はありません。ひとまずは家族を地震のリスクが低い地域に引っ越させました。次に会社ですが、上場するにはやるべきことが山ほどあって時間が掛かる。そこで倒産リスクを減らすために、会社の全株式を譲渡することに決めました。社名を伏せて譲渡先を探し始めると、すぐに10社ぐらいから声が掛かりました。その中からいくつかの会社と交渉を進め、最終的に東証第一部に株式上場しているクリエイト・レストランツ・ホールディングスと手を握ったんです。資本業務提携（２０１４年４月）のニュースリリースを配信するとラーメン業界の仲間から心配する連絡が次々に来ましたが、実は計画的にこちらから仕掛けたことだったんです」。

２０１５年８月で開業から10年を迎えた。この先10年の会社と自分自身をどう考えているのか。

「僕がＴＥＴＳＵから離れることはないと思います。どんな立ち位置になったとしても『つけめんＴＥＴＳＵ』を創業したという事実はついて回るわけですから。ただし、株式会社ＹＵＮＡＲＩの社長というポジションはリミットを決めていて、その後は会長職に就いて次の経営者へ方向修正をしていく立場になるつもりです。リミットを決めることの一つには年齢もあります。創業当初は30代のカリスマといわれたこともあったけど、もうすぐ40歳になります。自分が思う『おいしいもの』も、年々あっさりとしたものに変わってきている。そんな人間が商品開発をしている。そうするとＴＥＴＳＵのブランド自体が年を取り、世の中とのギャップも出てきます。どこかで次の世代にバトンを渡していかなく

ちゃいけないと思っています。それともう一つ。この10年で自分が得意なものを新たに見つけてしまいました。それは『0』を『1』にする作業というか、世の中に新しい何かを提案していくことなんですね。だからこれからはラーメンだけにこだわらず、もっと大きな枠の中で働きたいと思っています」。

その一つがニッポン元気モリモリ株式会社の設立だ（２０１５年7月）。なんとも人を食ったような社名だが、やっていることは大まじめ。「日本は少子高齢化で人口がどんどん減っていっています。同時に日本のあらゆるマーケットも今後どんどん収縮していくでしょう。ラーメンを食べる人も減っていく。だからこそ、日本の人口減少を緩やかにし、少しでも早く人口を増加傾向にすることをめざして事業を始めました」。具体的にはスマホアプリのサークル事業で出会いの場を提供しながら、子育て支援事業を展開していくプランだという。

取材を通して小宮氏のラーメン半生を駆け足で振り返ったときに感じたことがある。「昔もいまも〝かっこいいかどうか〟がこの人にとっての価値基準じゃないか」と。思い切ってその感想をぶつけると小宮氏は照れくさそうに「そうですね」と笑った。

「自分がかっこよく生きられているかどうかというのはかなり意識しています。15歳の頃のかっこいいと、いまのかっこいいとでは意味は違いますが。いまの僕にとってかっこいいとは、不義理をしないことかな。向こうから人が来たときに隠れなくちゃならない人生は送りたくない。受け手からすると『小宮、それは不義理だ』と思うことはあるかもしれないけれど、自分は不義理をしていないと胸を張っていえることが重要なんだと思います」。

一見するとやんちゃなようでいて、自己を客観視できる冷静な目を持つ。この人の〝人たらし〟の才が、きっとＴＥＴＳＵの吸引力なのだ。

坂井保臣

斑鳩

さかい　やすおみ

1972年東京都生まれ。神田外語大学卒業後、父親が経営するアパレル会社に就職。有名ブランド商品やパリコレなどの製品製造に携わる。2000年「九段 斑鳩」オープン。現在は東京ラーメンストリート内に2店舗を経営。

主の責任

東京駅八重洲口、東京ラーメンストリート。いわば日本の中心地ともいえるこの地に店を構えることは、ラーメン店主にとって誉れであろう。全8軒、そのうち2店舗を手がけるのが坂井保臣だ（ほかにせたが屋グループも2店舗を経営している）。

にもかかわらずラーメンフリークの中には「斑鳩」を過去形で語る人もいる。その差は一体何だろう。

坂井氏は昭和47年、曾祖父の時代から東京で三代続くアパレルメーカーの家に生まれた。一人っ子で親の期待を一身に背負って育ち、幼い頃から将来は家業を継ぐことになると自覚していた。けれども本当のところ、「なにより社長になることが嫌だった」という。「会社経営がどれほど大変かはずっと父親を見ていたから分かっていました。責任の大きさを考えると、できればやりたくなかった。本当は商社マンに憧れていたんです。でも、そんなことを言っていられないことも分かっていました」。

葛藤を抱えながら大学を卒業。そのまま実家に就職する。自分の意思よりも周囲の期待を優先する。大きな岐路に立ったとき、坂井氏は必ずそうしてきた。それが一人っ子としての処世術だったのかもしれない。大学を卒業したのは1997年。既にバブルは崩壊し、アパレル業界も苦境に立たされていた。人々の関心は高額なブランド品から価格志向のリーズナブルな商品へと移り、大手メーカーはコストダウンを図るため中国などに生産拠点を移した。そんな中でも坂井氏の実家は不況に耐えていた。「祖父も父も、名人と呼ばれる職人でした。デザイナーから指示書をもらい、その意図を汲み取って形や風合いを生み出す技術がありました。そんな姿を見て僕も職人に憧れましたが、会社に名人が何人もいるより、自分はマネージメントに回った方が会社は伸びると判断し、管理に力を入れていったんです。火の車のような業界の中で、うちは業績を伸ばしました。家族経営に毛の生えたような小さな会社でしたが、東京でナンバーワンといわれるまでになりました。睡眠時間は3時間。休みはまったくありません。そのうちに製造だけではなく海外生産の管理も任されるようになりました。売上は上がる一方で、後ろめたさもありました。もともとうちは代々守ってきた技術で長く着られる服を作ることを大事にしてきた会社です。それが、流行で人を振り回す産業の手先にでもなった気がすることもありました。ありがたいことに目の回る忙しさだったけど、うちの、何より僕自身のポリシーに反しているし、不完全燃焼のままでいたくないと思い切って親父に相談したんです。そうしたら親父も一緒だった。それで『辞めよう』という結論になりました」。

新しい事業を始めるに当たって家族で話し合って決めたのがラーメンだ。〝誰からも愛される飲食店にしたい〟というのがその理由だった。「本当は僕、

ラーメンがあまり好きではありませんでした。大学生の頃も周りがラーメンを食べに行くのを横目に僕はお金を貯めて懐石のランチに行くタイプでした。要は変わり者だったんです。だから最初は気乗りしませんでした。でも、もともと僕の考え方として、自分の好き嫌いはどうでもよく、自分が『すべき』方を選ぶというのがありますから、本当のものづくりで洋服より多くのお客さまに喜んでいただけるならばとラーメン店を始めることに賛成しました。どんなラーメンにするのか。そこに自分がやりたいことを盛り込めばいいと自分を納得させました。先ほども言いましたが僕は懐石好きです。ということは出汁の味が好きなんです。であれば料亭と同じような本物の素材を使って作ることで、自分らしいラーメンができるんじゃないか。そう考えました」。

　そこから味づくりに入っていくのだが、そのアプローチも、修業経験のない店主らしく独特だ。

　出汁をメインテーマと考えた坂井氏はまずは片っ端から出汁を取ることにする。一般に出回っている素材を考えられるだけ買い集め、一つずつ火加減を変えて出汁を取った。豚骨、鶏ガラに始まり、かつお節、昆布、煮干し類、玉ねぎ、にんじんなどの野菜、きのこ類まで。ありとあらゆる食材の出汁を取って、頭に味を叩き込んでいった。ひと通り出汁を取ったところで、ようやくスープづくりに。まずは頭の中の引き出しを一つずつ開けて頭の中で理想のスープを作り、そして実際に炊いて味を確認していった。「大変に聞こえるかもしれないけれど、僕はその方がゴールに近い気がしました。一度出汁の味を覚えてしまえば、次に別の商品を作るときに何をどんな火加減で使えばいいのかが分かります。そうすることで結果的に楽になると考えました。逆にいえば、そのやり方を貫こうと決めていたから修業をしなかったんです。一度誰かに教わってしまうとなかなか教えられたベクトルから抜けられないような気がして。せっかく白紙なら変に色を付けるのももったいない。それなら自分でとことん悩んでやろうと覚悟を決めました。代々やってきたアパレルの仕事をやめてまで挑戦するわけですから、人の10倍、100倍苦労しなきゃダメだと思ったんです」。

そんな調子だったため物件を借りて実際に開店するまでに約半年もかかっている。当然、両親は大激怒。一円も生み出せていないのに、家賃だけはしっかりかかっていたのだから。

2000年4月19日、「九段斑鳩」開業。店先に開業を知らせる張り紙をしたほかは広告を打ったわけではなかったが、オープンを前に30人の行列ができた。夜な夜な研究をする間に、シャッターから漏れる光でラーメン好きたちの期待が高まっていたというわけだ。しかし初日に大失態を犯す。いきなりの混雑で気が動転し、麺が生煮えのままで提供してしまったのだ。平謝りに謝ったが後の祭り。行列は2日で消えた。それから毎日閉店後に必死で練習を重ね、同時に味の改良を繰り返した。他店にも食べに行って勉強した。客からも積極的に意見を聞いた。だけど曲げられない部分もあった。「よく言われたのが『スープがぬるい』という意見でした。でも、僕のラーメンは本枯節をはじめとした出汁のうま味が持ち味です。出汁の風味は熱すぎると分からなくなるし、出汁の香りを殺してしまう。だからいくらお客さまのリクエストだといっても安易に温度を上げることはしませんでした。そうではない部分で、僕の思っている味に早く近づけ、お客さまに満足していただけるようにしようと研究を重ねました」。

その甲斐あり、客数は徐々に伸びていった。開店後半年で行列ができ、雑誌やテレビの取材も増えた。開店から1年半もする頃には全国ランキングの常連店になっていた。大行列は続いたけれども、店舗の拡大は考えなかった。現場を離れることもせず、自分の味を掘り下げることに力を注いだ。

「2005年がターニングポイントでした」。坂井氏は振り返る。「業界最高権威といわれるTRYラーメン大賞で、どうしても大賞が取りたくて、1年間そのためにがんばりました。寝る間も惜しんで研究し、しょっちゅう手の込んだ限定ラーメンを出しました。誰よりも自分は努力しているという自負がありました。絶対に獲りたかったんです」。

しかし結果は、優秀賞（次点）。張り詰めていたものがプチッと切れた。「当時自分はラーメン通も、一般の方も、両方を満足させたいと思っていました。だけど、限定メニューを出すとどうしてもオペレーションに時間が掛かって回転が悪くなる。何年もの間、常に30〜100名をお待たせしているような状況で申し訳ないと思っていたし、その上さらに待ち時間を増やしてまで限定をやる意味はあるのかなと思い始め、ラーメン通よりも一般のお客さまを向いて仕事をするようになったんです。ちょっと天狗になっていたのかもしれません。いま思い返すと……、失敗したかなと思うときもありますよ」。

2008年をピークに行列は落ち着きを見せ、時間帯によっては空席ができるようになった。寂しさを感じる一方で、ホッとした部分もあった。

「2001年以降店を開ければ大行列で、スタッフの中にも『放っておいても客は来る』という感覚がどこかにありました。僕が見ていても明らかに接客レベルが落ちていると感じることがあった。お客さまが途切れるのは、逆にいい機会だと思ったんです。みんなの意識を変えたい。根本の接客サービスを見直したい。だから客数が減っても慌てて限定を出してお客さまを集めようとは思いませんでした」。

開業10年。スタッフの意識を変えたいと願う一方で店に対する自分の立ち位置にも変化が出てきた。「独立したいと言って入社したスタッフが『一生いたい』と言うようになったり、『安定して働きたい』という社員も出始めたり。10年間ずっとお客さんを向いて走り続けてきたけれど、自分は会社の社長で、社員やその家族の将来まできちんと考える責任がある。次の10年は会社の安定や従業員の将来をきちんと考える10年にしよう、そう思ったんです」。

そんな折、東京ラーメンストリートの話が舞い込んでくる。「それまでは1軒に集中するために出店はすべて断っていました。でも2店舗をちゃんと経営し、これまで以上に利益を出せたら、少しでもみんなの福利厚生に回せると思い出店を決めました」。

２０１１年4月、東京ラーメンストリートに初めての支店「東京駅 斑鳩」をオープン。２０１５年6月には初のセカンドブランド「東京の中華そば ちよがみ」を立ち上げた。昼の混雑時は坂井氏もほぼ毎日厨房に立って最前線の業務をこなし、午後からはスープやタレの仕込みに勤しむ。「東京駅斑鳩」は本店同様、濃厚な魚介豚骨ラーメンを主軸に据えるが、「味は少し変えている」と坂井氏。「九段下の店はうちのラーメンを食べるために〝わざわざ〟来てくださるお客さんがほとんど。東京駅の場合は何かの〝ついで〟に立ち寄る方も多くいらっしゃいます。商談のついで、観光のついで。うちでラーメンを召し上がった後に何かが控えている。だとすれば、個性は強すぎない方がいい。食べ慣れなくて胃もたれを起こしたり、その後の行動に影響を及ぼすようなことはしたくない。だから九段下に比べて後味をすっきりさせ、エッジが効きすぎない、バランスを重視した味にしています。普通なら〝俺の味はこれだ！〟ってやりたくなるでしょうが、ここに関しては、うちでの食事を含めて『東京』を楽しんでもらうことが一番なんです。サービスの基準が違

うんですね。個性を出し過ぎないことがサービスなんです。スピードも重視しています。とにかく早く回すためにこの規模（24席）で常に8人から10人のスタッフを配置しています。できるだけ早くお出しして、お客さまが次の予定に遅れないようにと考えています」。

「ちよがみ」は看板通り中華そばの専門店。一番出汁の風味を大切にした繊細なスープを提供する。「ラーメンストリートはそれぞれのエリアを勝ち抜いて初めて声が掛かる場所。にもかかわらず『ちよがみ』の場合はここが一号店です。その責任を考えたら、普通に頑張るぐらいのレベルじゃほかのお店に対して失礼です。だから毎日のようにブラッシュアップしています。おかげさまで予想以上の集客です。ただ……」。坂井氏は笑みを浮かべる。「もうちょっとラーメン通の方に評価してもらいたかったかな」。忸怩たる思いが口をついた。

「九段 斑鳩」は建物の老朽化のために立ち退きを余儀なくされ、2015年5月に営業終了。市ヶ谷駅の近くに物件を借りたが、開店までに約1年を要した。「家賃を払っているのにオープンしなかったのは、自分の会社の都合でいい加減な仕事をするのはお客さまに失礼だと思ったからです。ひいじいちゃんの時代から、うちが代々やってきたものづくりは、どれだけ人に喜んでいただけるかということ。暖簾は変わってもそこだけは変わりません」。

この章を終えるにあたり、かつて佐野実氏が「九段 斑鳩」について書いた記述を紹介しておきたい。

「このラーメンを一時代前の人気店とか言うヤツがいるが、そんなヤツは俺が許さないぞ！ ラーメンをわかっていないヤツが言う言葉だな！ このラーメンはこのラーメンで主張しているんだ。俺のラーメンみたいだな。ある意味、基本になるラーメンだから貫いてほしいね」（朝日新聞出版『佐野実のラーメン革命』）

庄野智治

MENSHOグループ

しょうの　ともはる

1980年生まれ。神奈川県川崎市出身。2005年、若干25歳で「麺や 庄の」をオープン。2015年までに国内６店舗を立ち上げ、2016年には念願の海外１号店をサンフランシスコに出店。「ラーメンクリエイター」を自任する。

明日の一杯

冷蔵庫はおもちゃ箱だった。

同世代の小学生がテレビゲームやサッカーに夢中になるように、庄野少年は冷蔵庫あさりに没頭した。友だちの家に集まってはその家の冷蔵庫を物色し、ジュースを混ぜ合わせてミックスジュースを作り、ドレッシングをかき混ぜて未知なる液体を作った。

「料理に興味を持ったのは『クッキングパパ』の影響ですね。醤油や酢を舐めては味を覚え、ミックスしたときにどうなるかを一つひとつ試して舌に刻み込んでいきました。何を組み合わせたらどんな味になるのか、このときにバランス感みたいなものを自然に身につけたんだと思います」。

中学校を経て、高校に通うようになっても料理への興味は募るばかりだった。

学校帰りや休日を利用して気になる店を食べ歩き、自宅で料理に熱中し……、ラーメンを初めて作ったのもそんな頃だ。

ある日、コロッケが旨い〝行きつけ〟の肉屋からタダで豚骨をもらうとそのまま友だちの家に持ち込み、大鍋にぶち込んで煮詰めた。

「そうしたらすごくおいしいスープができたんです。幸いなことに『クッキングパパ』のレシピが頭に残っていたんですね」。

これをきっかけに庄野氏は頻繁にラーメンの試作をするようになる。食べ歩きで気になったラーメンがあれば、耳コピーならぬ舌コピーでその再現を試みた。「すみれ」の味噌ラーメンに衝撃を受けて、味噌ダレから自作したこともある。

すっかり自信を持ち将来ラーメン店を開業することを決意。店を開くためには経営の知識が必要不可欠と考え、大学は経営学部に進学した。

けれども「一刻も早く店を始めたい」と思うようになり、大学を中退。開業資金を稼ぐために建築の仕事に就き、3年間かけて600万円の軍資金を用意した。

「厨房設備を整えたり、内外装の工事にほとんどを注ぎ込んでしまいました。運転資金として手元に残ったのは30万円ぐらい。これが底をついたらつぶれる。本当にギリギリのスタートでした。親には3カ月やってダメだったら辞めると約束しました」。

2005年9月、若干25歳で市ケ谷に「麺や 庄の」をオープン。「こだわりのラーメン店ができるらしい」という噂は近隣に広まり、初日から100人近い行列ができた。

順調な幕開けかと思いきや、「とんでもない！最悪の一日でした」と振り返る。

「この日は朝から厨房に張り付いて仕込みをしていました。勝負の一杯は濃厚魚介豚骨です。どこにも負けない自信がありました。オープンは11時。開店時刻が近づくにつれてお客さんが並ぶ気配も伝わってきました。いよいよあと30分で店を開けるという

MENSHO

ときに、スープの味見をしたら全然味がしないんです。実は予算の都合で研究時間がほとんど取れず、家で小ロットの仕込みをやったことは大きな寸胴でスープを取るのはぶっつけ本番。焦りました。とにかく野菜を足して、やるだけやって形にはなったんですけど、できたラーメンは自分が作ろうとしたラーメンでは全然ないし、明日また同じレシピを再現することもできない。これを出したところで意味がありません。迷った末、お客さんに頭を下げました。『今日は納得のいくラーメンができませんでした。申し訳ありません！』。平謝りでした。本当に、とんでもないことをしました。自分が調子に乗っていたことにようやく気づきました」。

最初の1カ月は苦難の連続だった。1巡目はおいしいラーメンができても、すぐに味が変わる。怒って帰るお客さんもいた。2カ月というもの毎日店に泊まり込んでスープを仕込んだ。

ところが真夜中の仕込みが思わぬ副産物を生む。

「スープを煮込んでいる間、ちょっと手が空くんですね。この時間を使って創作麺の研究を始めました。最初に手がけたのが寒ブリでした。レギュラーメニューとは真逆の清湯スープを取り、1杯作るごとに寒ブリの切り身を入れて出汁を取るという手法で、出汁感が伝わるようすっきりとした塩味に仕上げたんです。オープンから3カ月目だったと思います。この創作麺がものすごくヒットしました。『こっちの方が旨い』と言われて複雑な気持ちにもなりましたが、お客さんが喜んでくれるというのがとにかくうれしかったんです。それからですね。毎月、新しい創作麺を出そうと決めたのは」。

まさに少年時代からのラーメンに対する愛が窮地を救ったのだ。

いまでこそ多店舗を運営するMENSHOグループだが、開店当初、多店舗展開は頭にはなかった。ところが2011年を境にその考えは大きく変わる。

2011年3月11日、東日本大震災が発生。そのあまりの被害の大きさから震災直後は日本中を自粛ムードが覆い、飲食店から客が消えた。「麺や 庄の」も例外ではなく、連日開店休業の状態が続いた。何もできないことへの苛立ちも募った。

「このまま店にいてもラーメンが作れるわけでもない。だったら炊き出しにでも行こう。それぐらいの気持ちだったんです」。

庄野氏の声掛けに2店舗の店主が応じた。なじみの卸業者に相談したら「タダで持って行け」と食材を提供してくれた。出発前にチャリティー営業をしたところ常連客やラーメンフリークが詰めかけ、1日で数十万円が集まった。レンタカーのトラックに道具と食材を積み込み、3月24日に石巻入り。翌日市役所の前でラーメンを無料でふるまった。「ものすごく人が集まりました。それまで冷たいおにぎりやパンばかりだったから、あたたかいものを待ち望んでいたんですね。子どもたちは『おいしい!』『おいしい!』と声を張り上げてくれました。食べているみんなが笑顔でした。そんな姿を見ていて感動でぞくぞくしました。ラーメン一杯でここまで人を喜ばせることができる。それが驚きでした。僕はそれまでただ目の前のお客さまを喜ばせることだけを考え、コツコツと一杯の丼に向き合ってきましたが、ラーメンの力を知り、もっと多くの人にラーメンで幸せや笑顔を届けるためには1店舗じゃ限界があると感じました。僕自身まだまだやりたいラーメンがある。それで新しく店を出すことにしたんです」。

その後の展開はスピーディーだ。2011年10月に「つけめん GACHI」をオープンすると、2013年2月には野菜をテーマにした「麺や庄の gotsubo」、同年10月に製麺所を併設した「油そば専門店 GACHI」、2014年8月にはラムを主軸とした「自家製麺 MENSHO TOKYO」をオープンするなど、矢継ぎ早に新しいブランドを立ち上げた。

店舗展開と平行して創作麺も毎月のようにリリースを続けた。開業から10年間で世に送り出した創作麺は実に200作品以上。ロブスターやフォアグラ、トリュフ、キャビアといった高級食材を使う創作麺から、「鯖味噌らーめん」「うなとろ丼」「秋刀魚のふわパリつけ麺」など名前だけでは味の想像がつかない意外な料理とのマッチング、極めつきはバレンタインの時期に恒例となったチョコつけ麺など、新作を出す度に周囲を驚かせてきた（ちなみにチョコつけ麺は2008年からスタートしている）。

しかし、鯖の味噌煮やチョコレートなど、およそラーメンとはかけ離れたモチーフとの距離感を庄野氏はどうやって詰めていくのだろう。その秘密を尋ねると「分解と再構築です」と答えてくれた。

たとえば2015年6月に発表した「鰹の冷汁つけめん」は宮崎県の郷土料理「冷や汁」をモチーフにしている。本家は冷たい味噌汁のような汁を冷や飯にかける料理だが、これを魚介の出汁、甘めの味噌、冷たい汁、炭水化物といった要素に因数分解し、カツオを使ったつけ麺スタイルに再構築した。つけダレは鶏白湯スープとカツオ出汁で塩味に仕上げ、これに西京味噌の白味噌餡と煮干しの出汁氷を添える。「郷土料理や伝統食をそのままラーメンにするのではなく、いまの時代に合わせて新たな命を吹き込み、『感動と驚き』とともに味わっていただくというのが僕たちの仕事だと思っています」。ただ驚かせるのではなく、それを感動にまで引き上げる。それには「上質な一杯であること」が絶対条件だ。「上質であるためには、普通のやり方では足りません。これで合格というところから、ひと手間もふた手間もかける。志を大切にして、本当に意義のあるラーメンを作る」。ウケ狙いでただ珍しい食材、予想外の料理を組み合わせるのではなく、伝統食の継承や地域産業の活性化、異文化の橋渡しなどの役割を一杯のラーメンに託す。

「ラーメンの力を社会につなぎたい。そこにラーメンの明日があります」。

では、庄野氏にとってどこまでがラーメンなのか。ラーメンの定義をどうとらえているのだろうか。

「一般的には麺にかん水を使うことがラーメンの定義となっていますよね。でも僕はもっと相対的に考えていて、〝食べ手にとってラーメンであるかどうか〟が重要なんだと思います。たとえば僕たちはかん水の匂いに慣れているから、その独特な匂いを嗅いだときに『あぁ、これがラーメンだよね』と思うけど、かん水の匂いに慣れていないアメリカ人にはキツく感じられるでしょう。かん水を入れる目的が、麺に噛み応えや弾力を出すことだとすれば、それに代わる何かを補うことで麺として成立すると思うんです。つまり、食文化には時代性や地域性・国民性というのが前提としてあるわけですから、定義そのものも流動的、相対的であっていいはずです。食べ手がそれをラーメンととらえるならば、作り手の僕にとってはラーメンなんです。……ちょっと分かりづらいですね。少し角度を変えていえば、ラーメンの醍醐味はうま味です。僕の中のテーマとしては〝丼の中でうま味が爆発していること〟、これを大切にしています」。

２０１６年2月、庄野氏は初の海外展開としてサンフランシスコに「MENSHO TOKYO」を構えた。準備から開店まで2年越しのプロジェクトとなった。

「本当はアジアでやらないかというお声を何度もいただいていました。実際にお手伝いという形で携わったこともあります。ですが、直営でやるならサンフランシスコしかないと考えていました。なぜサ

ンフランシスコかというと、情報というのがラーメンにとってすごく重要なエッセンスだからです。サンフランシスコのシリコンバレーはIT産業の聖地ですよね。ゲイ文化やヒッピー文化といった新しい文化にも寛容であり、アンテナ感度の高い人が集まっていて、ものすごい情報発信力を持っています。そこへ僕たちのラーメンを持って行くことにす意味があると思うんです。第一に僕がやりたいのはうま味の発信です。近隣のお店を食べ歩いてみましたが、うま味を重ねる技術はまだまだ浸透していません。ですからサンフランシスコのお店では、まずウェルカムラーメンとして羅臼昆布と本枯鰹節の出汁ラーメンをお出しします。そしてその上で、鶏白湯やオーガニック、ビーガンといった提案をする。僕たちのラーメンでサンフランシスコの人に『感動と驚き』を与えたい、そう願っています」。

庄野氏は自らを「ラーメンクリエイター」と呼ぶ。2013年に福井で行われたラーメンイベントから好んでこの言葉を使うようになった。

「10年間創作麺をやってきたという自負もありますが、クリエイターを名乗るからにはヘタなものは出せません。自分を追い込んだ先に新しいものが生まれると信じています。いまある技法、いまある食材、そういうのを一つずつ進化させたところに〝明日の一杯〟がある。将来性のあるラーメンを僕たちが道しるべとして提案してきたい。今日よりももっと喜んでもらいたい、そういう一杯を創ることが、僕の使命だと思います。高校生のときに初めてラーメンを作って直感したラーメンのパワーは、震災後の被災地で確信に変わりました。丼の中にひと一人の人生をまるごとかける魅力がラーメンにはあるんです」。

「庄野智治」よ、あしたはどっちだ。

関口 信太郎

町田汁場 しおらーめん 進化

せきぐち　しんたろう

1981年東京都渋谷区生まれ、町田市育ち。高校卒業後、音楽で食べていくことを志すが断念。「せたが屋」グループで3年半修業して2007年に独立。2014年町田駅前店をオープン。好きな音楽はハードロック、ヘヴィメタル。

イバラの道

目の前に2つの道があるとしたら、いつも困難な方を選択してきた。

独立に際して選んだ物件は、人が行き交う駅前でも、人が集まる大型商業施設のそばでもなく、町田駅から歩いて15分近く掛かる場所だった。店名には「しおらーめん」専門を謳い、ほかのラーメンは置かずメニューは〝塩一本〟に絞った。

駅から離れた不便な場所でも、塩ラーメンしかなくても、旨けりゃ客は来る。そんな絶対的な自信があった。たまたま通りかかった客ではなく、自分のラーメンを求めてわざわざ足を運んでくれる人のためにラーメンを作りたい。そう思った。

しかし、塩ラーメンのみに絞ることが「これほどまでにリスクの高いことだった」と知るのはオープンした後のこと。

「塩ラーメンをいろんな人に食べてほしいというのが僕の願いでした。普段食べない人も、塩しかメニューにないから塩を食べ、その結果『塩ラーメンってこんなにおいしいんだ』と気づいてもらうのが目標でした。でも実際にはメニューを一瞥してそのまま帰っちゃうお客さんがすごく多かったんです。悔しかったですね。だったらもっと旨いラーメンを出して振り向かせようと思いました」。

プライドもあったのだろう。関口氏は、かの「せたが屋」グループ初の公認卒業生。入社1年足らずで塩専門「ひるがお本店」の店長に抜擢され、「ひるがお新宿御苑店」の立ち上げにあたっては初代店長に任命された前島チルドレンの筆頭格だ。

「前島さんは本当にラーメンには厳しい人。妥協した分だけ味に出るといい、トッピングの位置数ミリ、お客さんに出すときの丼の向きまで細かく教えてくれました。一方で任せる部分は任せるというスタンスで、『ひるがお』では限定メニューをいろいろ作らせてもらいました。前島さんの下で働いた3年半でラーメンが秘める可能性を知り、その可能性を自分で探求する環境を与えてもらいました」。

ミスターラーメンの薫陶を受け、「シンならできる」と背中を押してもらった以上は、味で認められ、町田で勝ち残りたい。しかしその思いとは裏腹に客足はなかなか伸びなかった。「この味が分からない客の方が悪い……」、そんなふうにやさぐれそうになる気持ちをグッと抑えた。

オープンしてから1年ぐらい経った頃だ。テレビの取材で佐野実氏が店に現れた。同じ町田の繋がりで69'N'ROLL ONE（当時）や胡心房を通じて佐野JAPANの一員に加えてもらっていたので佐野氏とはもともと面識はあったが、ラーメンを食べてもらうのは初めて。緊張した。

「おまえ、ぜんやさんの塩ラーメンは食べたことあるか?」食べ終わるなり、佐野氏が尋ねた。「ぜんや」は埼玉県新座市にある塩ラーメンの行列店だ。

「すぐには意味が分かりませんでした。それで後日、ぜんやさんへ行きました。食べてようやく佐野さんが言わんとしたことが分かりました。誤解を恐れずにいうと、ぜんやさんのラーメンは『誰が食べてもおいしいと感じる味』なんです。スープに厚みとコクがある。当時僕が作っていたラーメンはマニアックなこだわりが強く、繊細になりすぎていました。たしかにドンピシャ自分好みでしたが、ベクトルが完全に自分に向いていました。自分のこだわりを尽くしたラーメンと、お客さんから受け入れられるラーメンとは違う。『もっと広い視野をもってお客さんの目線でラーメンを作りなさい』。佐野さんはきっとそう伝えたかったんだと思います。結局このひと言がきっかけで意識が変わりました。いつもそうなんです。佐野さんは答を与えるのではなく、僕らに考えさせるんです。考えて自分で答を見つけさせる。そういう方でした」。

その後、味の改良を重ねると次第に「進化」はお客さんに受け入れられるようになり、オープンから3~4年経って軌道に乗る。

それにしても、なぜそこまで塩に固執するのか。

「僕自身が塩ラーメン好きというのもありますが、やはり日本は出汁文化だから、出汁の味に主軸を置いたラーメンを作りたいという気持ちがあります。素材の本当のうま味を味わってもらうためには塩が一番いいんです。塩には香りがありません。基本的にはうま味も持っていません。対して醤油には香りがあって、うま味もある。味噌にいたってはお湯に溶かすだけでいけちゃいますからね。だからこそ、素材のうま味を伝えるには塩ラーメンが一番理に適っているんです。

地鶏から抽出したうま味はどんな味がするのか。焼いたアゴ（トビウオ）からはどんな味がするのか。素材をそのまま味わって、素材が持つ味を知ってほしい。鶏節といって、鶏の胸肉をかつお節みたいに

乾燥させたものがあるんですが、生肉とは出汁の風味が違うんですね。そういうことも体感してほしい。

うちの店は、こんな店構えでBGMにロックをかけているのに、ご年配やご家族連れのお客さんが多いんです。幅広い年代の方が『おいしい』といって食べてくださる。ありがたいことです。だから僕もできるだけ、安心安全な素材を使いたいと思っています。たとえば油一つでも、仕入れたものじゃなく、ちゃんと鶏から精製したフレッシュなものを使うとか、豚の背脂を細かくミンチにしてそれをゆっくり溶かして使うとか。ひと手間ふた手間かかるけど、その分おいしさに差が出ますからね。

自分で使う食材や調味料に関しても、できるだけ生産現場まで見学に行くようにしています。鶏も、塩も。作っている人の顔を見て、話をし、思いを知る。そうすると、やっぱりこちらも使い方が変わるんですよ。現地に行けばいろいろな発見がありま す。市場に出回らないものを見つけて分けてもらったり、そこで偶然食べた料理からヒントを得たり。ネットじゃ見つからないような情報が現場にはあふれているんです」。

現在、「進化」の塩ラーメンに使っている塩は高知の完全天日塩や藻塩など5種類。

「5種類も使う必要があるの？　とよく聞かれます。でも塩は原料や製造方法によって含まれるミネラル分が異なります。ミネラル分の違いは味の違いに直結します。塩化ナトリウムは舌を刺すような塩辛さ、マグネシウムは苦味、カルシウムは軽い塩味、カリウムは酸味を感じさせます。そのバランスによって尖った感じが出たり、丸い感じだったり、与える印象がまったく変わってきます。高価な塩を使えば旨くなるかといったらそうじゃない。いい塩だけだと塩カドがまったくなくて、せっかく取った出汁の味がぼやけてしまいます。そこに尖った塩を入れることで塩ラーメンらしいキリッとした口あたりになる。要するにバランスなんです。たとえばうちで使っている藻塩は海水と海藻を一緒に煮詰めて作られるんですが、色も茶色がかっていて荒々しい尖った感じがあります。一方で完全天日塩はすごく丸っこい。これを合わせることで、塩らしさを感じさせながら、しょっぱくなりすぎないところに落ち着きます。塩だけじゃなく、すべてがバランスです。水、油、素材。すべてが高いレベルでバランスを保つ塩ラーメン。そこを追い求めたいですね」。

　オープンから8年。「進化」の塩ラーメンはまさに一歩ずつ進化を遂げ、評判を確かなものにしてきた。講談社の「TRYラーメン大賞」では名店しお部門で2年連続1位に選ばれた（2015年、2016年）。けれども関口氏自身は、到達点はまだまだ先にあるという。

「評価してもらったことは素直にうれしいですし、本当にありがたいことだと思います。ですが、評価をいただいた時点では自分で麺を作っていなかったわけですから、そうである以上、自分の中では『まだまだ』なんです。これはあくまで僕の考えですが、麺を自分で打って初めてラーメン店を謳うことができる、そう思っています。だから製麺機を買って製麺所を作りました。時間は掛かりましたけど、ようやくそこのラインまで来たのかなという感覚です。先日も小麦を勉強するために北海道へ行きました。佐野さんのご縁もあって地元の製粉会社におじゃまし、お話を伺うことができました。麺を実際に作るようになって、みんなが言っていた製麺の難しさが分かってきました。デリケートなんですよ。仕上がりが湿度に左右され、スープを作るよりもずっとデリケートです。製麺をしていて思うんです。佐野さんが食べたらなんて言うだろうって。お元気な間に自分の麺を食べてもらいたかったですね」。

スープづくりにも、麺づくりにも高い理想を求める関口氏。そのめざすところはどこにあるのか。

「塩ラーメンといったら『進化』といわれるようになりたいですね。その評価を定着させたい。そして塩ラーメン自体の魅力を発信していきたい。うちはいま、本店のほかに町田の駅前に支店があります。今後は『進化』の塩ラーメンをほかの地域にも広めたいという思いはあります。でも、どんどん店の数を増やしていくことが目標ではありません。実際、お話も頂戴しますよ。大型商業施設から声をかけてもらったこともあります。でもうちの場合は難しいかな。いまの体制で出店したら間違いなくクオリティは落ちますから。うちの塩ラーメンってやっぱり難しいんです。いまは本店と支店、それぞれでスープを炊いていますが、店を任せるにはそれなりの技術のある人が店長になってくれないことには品質が担保できません。クオリティを保ちながら店を作ることは本当に難しいですよ。たとえばセントラルキッチンにすれば味のレベルは担保できるかもしれないけれど、従業員の意識はいまとは変わってくるでしょう。自分が毎日スープを取るのと、送られてきたスープを混ぜて使うのとではやっぱり意識が違うと思うんです。どちらがいいということではなく、うちの場合はセントラルキッチンはなじまないというだけの話です。だから店舗展開するといってもほかのお店よりもペースは遅いでしょうね。だから『進化』は、数よりも中身の濃い店づくりをしていきたい。店を2つ増やすぐらいなら、限定メニューを倍の数作れるような店が1つある方がいい、そう考えています。そしてうちのスタッフには限定メニューが作れるような職人に成長してほしい、そう思っています。その上で従業員が安心して働ける環境づくり。経営者としての目標はそこですね。

職人としてめざすところは塩ラーメンの極地で

す。とことんシンプルでありながら、ここまで深い味が出せるのかという極地です。言葉で表現すれば簡単ですけど、これがなかなか難しい。もう一度食べたいと思わせるには、おいしいだけじゃなく記憶に残るような何かがなければいけません。シンプルでおいしいけれど印象に残らない塩ラーメンというのはたくさんあります。シンプルだけど印象に残る塩ラーメンは本当に数少ない。そのためにはいまのラーメンに何が足りないのか、そこをブラッシュアップしていきたいですね」。

目の前に2つの道がある。一方は広くて整備され歩きやすそうな道、もう一方は下草が覆い茂りどこへ続いているのかも分からない道だ。

「どうしてでしょうね。僕はいつも難しそうな方を選んでしまうんです。より難易度の高い方をめざしたくなる、その結果、途中で挫折してしまう。音楽をやっていたときもそうでしたね。担当はギターなんですが、難しい方、難しい方を選んでは挫折していました。『進化』をオープンしたときもそうです。挑戦したくなるんでしょうね。それと、言い訳をしたくないんです。客が来ないのをつい場所のせいにしたくなるけど、言い訳を場所に求めたらダメなんです。そうじゃない、原因は自分にある。自分が作ったラーメンにある。じゃあ、なんでダメなんだ？どうしたら克服できるんだ？　それを考えて、考えて、追いかけて、追いかけて、乗り越える。その瞬間ってうれしいですよね。楽な道を選んだよりも、苦しいかもしれないけれど、絶対に自己成長しているじゃないですか。それが楽しいですよね」。

スイカに塩を振ると甘くなる。これを塩の対比効果と呼ぶそうだ。出汁に塩を足すとうま味が引き立つ。これも同じく対比効果であるという。

丸みのある塩だけではなく、ときには塩カドの立った塩も必要なのだ。ラーメンにも、人生にも。

武川数勇

らーめん天神下　大喜

たけかわ　かずゆき

1961年生まれ。埼玉県入間市出身。和食の世界で20年間腕を振るうが、一念発起し1999年「らーめん天神下 大喜」を開業。現在にいたるまで雑誌やテレビのランキング企画で何度も「日本一のラーメン店」に選ばれる。

一杯のとりそば

子どもの頃の楽しみといえば月に一度の外食だった。給料日になると、父親は決まって家族を町の中華料理店に連れて行ってくれた。北京ダックもなければフカヒレもない、レバニラがとびきり旨い食堂だ。父親はレバニラをつまみながら瓶ビールをあおり、気持ちよさそうにしているのが常だった。少年は決まって一杯のラーメンを妹と二人で分け合って食べた。一人で食べられるものならそうしたかったが、それは経済的な事情でかなわなかった。

やがて18歳になり、少年はかねてから興味のあった料理の世界に飛び込んだ。板前修業は厳しかったけれど、「いつか自分の城を構えられるならば」とそれにも耐えた。

和食の技術をひと通り身につけ、いざ独立を意識した矢先にバブルが崩壊する。「バブル全盛の時代には和食なら客単価2~3万円なんていうのが当たり前、ところがバブル崩壊でまたたくまに飲食業界を取り巻く状況が変わりました。これはもう、生半可な腕では従業員を抱えて店を運営していくのは厳しいだろう。だったら単品で勝負できるもの、焼き鳥、丼、ラーメン、そういうもので独立しようと考えを変えたんです。それからはいろいろ食べ歩きました。あるとき、当時一番の行列を作っていたラーメン店に行きました。ラーメンは評判通りのおいしさでした。ところがふと何かの記事を見ると、店主は脱サラでラーメンを始めたと書いてある。『え?できちゃうの?』と思いましたね。まがりなりにも自分は料理をやってきましたから、だったらチャレンジしがいがあるんじゃないかって」。

1999年、38歳のときに「らーめん天神下 大喜」を開業。けれどもすぐに壁にぶつかってしまう。

「こうすればおいしいものができるというのは板前経験からある程度自信はあったんです。ところが計算外だったのはスープの劣化ですね。食べるタイミングが分かっていれば、ピンポイントでおいしいものはできる。12時に食べる人のためならベストの状態で出せる。でも、ラーメン店は店を開けている限りどんな時間帯にも客が入ってきます。これが厄介です。時間が経てばスープの味も変わります。店を開けた直後と閉店間際では味がブレる。その調整には苦労しましたね。麺にも泣かされました。麺は原価を抑えるために、最初から自家製麺でスタートしたんです。開業前に試作を重ねて、これなら大丈夫というところまではきた。ところが店を開けた途端に思うような麺が打てなくなったんです。いまならその原因は分かります。試作をしたのは3月、4月。その時期というのは温度・湿度の関係で麺が一番安定するんですね。だけど開業は6月。湿度が全然違う。同じやり方、水分量で麺を打っても仕上がりがまったく変わります。これには苦労しました」。

味の調整に追われる日々、ようやく納得がいくようなものができるまでに3年間を費やしたという。

「落ち着くまではほとんど家に帰ることはなかったですね。やってもやっても仕込みが追いつかない。毎晩泊まり込みで仕込みました。営業時間が短ければ休む時間も取れたかもしれませんが、うちはお酒を出しているから日によっては夜中の2時、3時まで粘る長っ尻のお客さんもいる。だけどね。随分助けてもらいましたよ。そうでしょ。だってラーメン1杯とウーロンハイ2杯の値段がほとんど同じなんだから。開店から3年ぐらいは夜のお客さんに支えてもらっていた部分は大きいよね」。

こうして店の経営が軌道にのってきた頃、事件が起こる。2002年春に放送されたテレビの特番で〝おいしいラーメン屋さん〟の全国1位に大喜が選ばれたのだ。

「テレビの時間はちょうど常連さんの家で酒を飲んでいました。『うちの店が出てるよ』なんて、テレビを観ながら笑っていたんです。放送も終わり、ひと眠りするために店に戻ったら、店前にはもう人だかりができていました。夜中ですよ。そぉっと裏口から入って寝ましたが、格子シャッターの隙間から視線を感じるんですよ。まぁ、その日はそれで終わったんですが、翌朝5時に目が覚めたらすでに20人ぐらい並んでいました。そのあとみるみる増えて大行列になり、隣のホテル2軒の入り口までふさいでしまいました。これはまずい、というので翌日は反対側に並んでもらったんです。そうしたら春日通りの坂の上まで300メートルですよ。開店と同時に100人数えて、『今日はここで終わりです。ごめんなさい』と言って帰っていただきました。そういう状態がしばらく続きましたね。夜の常連さんは散りました。客単価は下がり、忙しいのに売上は減りました。近所からの苦情もひどい。おいしいものを作ろうという気持ちよりも、何とか行列をさばこう、何とか迷惑をか

けないようにしよう、それぱかりです。メニューもかなり絞りました。それでもこなすのに精一杯。さすがに仕事も荒れましたよ」。

テレビバブルは1年ぐらい続き、やがて潮の流れが引き潮に変わるように、行列は短くなった。「行列はいつか終わると思っていました。心配していたのはそのあとのことです。だけどね、常連さんは戻ってきてくれました。ホッとしましたね」。

開店から16年。一時のようなお祭り騒ぎは落ち着いたとはいえ、大喜はいまも曜日を問わず昼夜満席になる。一番人気は塩味の「とりそば」。続いて醤油味の「中華そば」。スープは九十九里浜の煮干しが中心の魚介スープと比内鶏などの鶏ガラをベースに「出過ぎない調和した味」をめざしているという。

武川氏は休まないことでも知られる。

店を開けている間はずっと主が厨房に立つ。それどころか朝6時半から店に来て麺を打ち、営業を終えて日付が変わるぐらいまで、主はほぼ店に居続ける。大喜は定休日を設けていないので、もう何年もまともに休んでいない。

その理由を聞くと、「そりゃね、不安だからね」とポツリ。「消費税が8%に上がってからというもの、飲食店はどこも厳しいですよ。次に10%まで上がったら、やっぱりお客さんから値上げという形で消費税をお預かりすることになるでしょう。いつ見限られるか分かりません。だから不安ですよ。うちの定番にしても味をちょこちょこ変えていますしね。お客さんは分からないかもしれない。それぐらい微妙なさじ加減です。だけどね。やっぱり10年前と比べるとだいぶ変わっていますよ。出汁の取り方、スープの塩分濃度、麺の太さ。とりそばの麺も以前に比べて微妙に太くしています。その麺に合わせるために加水率を高くしたり、低くしたり、茹で時間を変えたり。絶えず微調整の繰り返しです」。

メニューは「とりそば」「中華そば」のほかに中太麺の「つけめん」、細麺で提供する「つけそば」、限定メニューからスタートし定番に昇格した「うめしおらーめん」、変化球の「納豆中華そば」、鶏白湯の「純とりそば」などがあり、麺もそれに合わせて3～4種類を用意する。アイテム数を減らせばそれだけ仕込みが楽になることは分かっているが、それぞれのメニューに客が付いているので減らせない。そしてその上で、限定メニューも出している。

「僕の場合ね、『どうだこれが俺の味だ。食ってみろ』なんていうことはないんです。話題になっているお店に行って食べて、おいしいなと思うと不安になりますよ。あぁ、こういう切り口もあるんだってね」。

料理人歴は板前時代から数えて35年を超える。けれどもいまなお自分の引き出しを増やすため、新しいメニューの開発に余念がない。

「考えるのが好きだっていうのもありますよ。蕎麦でもイタリアンでも食べに行くとね、これを何とかラーメンに落とし込めないかなって思うんです」。24時間365日、頭の中はラーメンのことでいっぱいだ。

「基本はうちのスープがあって、そこに何を組み合わせたらどんな化学反応が起こるのか。夏に一度作って面白かったのは、自分で仕込んだシメサバと明太子を合わせた冷やしメニューですね。これが意外に旨かった。引き出しを増やすなんていうとかっこいいけど、お遊びみたいな側面もあるのかな。常連さんはそれも分かって限定を食べてくださる。それは一つの、なんというかな、愛情なんだと思います。大喜というお店に対するね」。

ラーメンがメインのお昼に比べ、夜はお酒を楽しむおなじみさんも多い。取材中、そんな常連の一人から話を聞くことができた。

「仕事を終えて家に帰る。大喜はその前にちょっと挟みたい店なんです。自分の帰り道に止まり木のような店がある。しかもね、そこで食べるラーメンがダントツに旨い。これが両立しているのが大喜ですよ。自分の生活圏の中に大喜があるというのはすごく幸せなことです。大喜は、僕にとっての憩いの場なんです。雑誌で見つけた話題の店に電車を乗り継いで行って何時間も並んで食べる。そういうのもラーメンの楽しみかもしれないし、僕もときどきそうすることもあるけど、いろんなラーメンを食べても結局ね、やっぱり大喜に戻ってくる。僕の中では何回も聴きたいレコードみたいな存在なんです」。

その言葉を伝えると、武川氏は相好を崩した。

「幸いにしてうちのお客さんは愛があるというか。正直ね、うちはピークを過ぎていると思うんです。競合店もどんどん出てくる。その中でどう生き残っていくか。戦略とか何だとか、そういうものも必要かもしれないけれど、生き甲斐、楽しさ、それがないといいものはできないだろうしね。そりゃあ、迷うことはありますよ。思い通りにいかないこともたくさんある。それでもしょうがないかな。50を過ぎているからね。このスタンスでやれるだけやっていこうと思います。みなさんは職人だなんだと言ってくださるけど、僕は自分のことをラーメン屋の親父だと思っています。取材で写真を撮るときに『腕を組んで』と言われるけど、あれがすごくイヤでね。ラーメンってまだまだ歴史も浅く、日本料理やフランス料理のように先人たちが磨きをかけてきたカテゴリーと肩を並べるというのはおこがましいと思いますよ。僕なんかはドロップアウト組だから、自分は一歩下がるべきだと思っています。黒木ちゃん（「饗 くろ㐂」）は別だよ。僕に比べて引き出しも多いし、高いところをめざしている。でもそういう志の高い人は、そうだね、少ないだろうね。ラーメ

ンは味が第一とはいうけれど、そうでもないと僕は思いますよ。たとえば忙しくなると顔に出そうになるじゃないですか、つい小言を言ったりもしたくなる。そういうちょっとしたことで店の雰囲気も変わってしまいますよね。お客さんは食事を楽しみに来ているのだから、ある程度レクリエーションの要素がないと。私語厳禁とか、携帯禁止とか、息苦しい思いをさせるのはどうなのかな。ラーメン屋の親父はピエロでいいと思うんです。お客さんに楽しんでもらうことが第一であってね」。

商売を続けていてなによりうれしいのは、お客さんの息づかいを感じながら仕事ができることだという。「お昼に一人で来ていたお客さんが、ある日家族を連れて店に来てくれる。これほどうれしいことはありません。長くやっていると、本当にお客さんと一緒に年を取っているのが分かるんです。開店してすぐの頃だったと思うけど、夜、ときどき来てくれるお母さんと子どもがいてね。お母さんは少し派手だったから水商売をしていたんだと思いますが、子どもを託児所に預ける前にうちで一杯のラーメンを分け合って食べていくんです。そうして食べ終わって外に出ると子どもが泣き出すんですよ。店を出たら保育所に預けられてお母さんと離ればなれになることが分かっていたんですね。その子がね。何年かしてうちに来てくれたんです。『春から高校に行きます』なんて言って。そういうのがいいよね」。

ラーメン店は舞台だ。そこには日々、何百というドラマの主人公たちが、立ち止まり、ラーメンをすすり、また立ち去っていく。1回限りのキャストもいれば、毎日のように足繁く通うキャストもいる。親父は厨房の奥でそんな客の息づかいを感じながら、麺を茹で、スープを張り、具を鮮やかに盛りつける。その一杯はドラマの中では刹那の小道具かもしれない。けれどもそこに、今日も魂を込める。

竹田 敬介

けいすけグループ

たけだ　けいすけ

1969年広島県生まれ。フランス料理、和食、居酒屋の世界で腕を振るい、2004年独立して居酒屋を開業。2005年「黒味噌ラーメン 初代けいすけ」オープン。現在は国内24店舗、シンガポールに11店舗を経営。

一汁三菜の小宇宙

初代の黒味噌ラーメンを皮切りに、二代目の海老そば、渡り蟹や伊勢海老を使う四代目のつけめん、肉そばムーブメントの火付け役となった「NEW OLD STYLE肉そばけいすけ」など、数々の独創的なラーメンを世に送り出してきた。ワイングラスにヒントを得て球体を斜めにカットした「二代目海老そばけいすけ」の丼をはじめ、味のみならず器にまで革新をもたらすなど、開業から10年の間にラーメン界に与えた驚きは数多い。そもそも「けいすけ」という屋号にしたってそうだ。普通なら姓を取って「たけだ屋」などにするところ。そうはせず大胆にも下の名前を看板に掲げた。そしてコックコートに長髪という従来のラーメン店主像からかけ離れたルックスも、「けいすけ」ブランドの個性を強烈に増幅させる。ユニークで、圧倒的な存在感。そのオリジナリティの源流はどこにあるのか。

オーナーの竹田敬介氏にはラーメンを始める前にフレンチレストランで10年強、創作和食を出す居酒屋グループで6年のキャリアがある。

フランス料理との出会いは料理人として駆け出しだった18歳の頃。「見たこともないようなきらびやかな料理」に感激し、和食からフランス料理の世界へ転身した。渋谷にあった正統派フレンチの「ヴァンセーヌ」で4年間技術を学び、24歳から28歳までに2店舗のシェフを歴任。しかしバブル崩壊を経験してフランス料理での独立は難しいと判断し、その頃隆盛を極めていた居酒屋に興味を持つ。28歳、居酒屋グループに就職。洋食、中華、焼き鳥、寿司などさまざまなジャンルの商品開発を手がけた。

当時の夢は「35歳での独立」。資金目処が立ち、予定を1年繰り上げて34歳のときに日本橋で炭をテーマにした居酒屋を立ち上げる。

居酒屋を切り盛りする一方でもう一つやりたいことがあった。ラーメンだ。

「ずっとラーメンには興味があったんです。新横浜のラーメン博物館で初めて『すみれ』や『一風堂』を食べて衝撃を受けました。それからいろいろ食べ歩きをするようになり、特に味噌ラーメンが好きで札幌にも何度も食べに行きました。中でも『彩未』には感銘を受けましたね。そのうちに俺もラーメンをやりたいと思い始め、やるなら味噌ラーメンでいこうと決めたんです。当時東京には味噌専門のお店がほとんどなかったので、そこにチャンスを感じました。この髪型ですか？ ラーメン店をやろうと決めたときに伸ばし始めました。その頃、『せたが屋』の前島さんや『なんつッ亭』の古谷さんをテレビでよく観ていて、特に古谷さんなんてものすごく印象が強かったですから、やっぱりラーメン店としてみんなに覚えてもらうためには店主に何か特徴がなくちゃいけないと思ったんです。影響力のあるラーメン店でいるためには味や店構えもそうだけど、店主もその要素の一つになりうる。その頃はヒゲもなく

TKG
ご希望のお客様
髪留め
紙エプロン

て、銀色の短髪だったんですよ。それで髪を伸ばし始めたんですが……、長髪の印象がすっかり定着して、いまとなってはもう髪を切れないですね」。

２００５年６月１日、文京区本郷に「黒味噌ラーメン初代けいすけ」をオープン。味噌ダレに竹炭を練り込んだ真っ黒なスープで勝負をかけた。しかし、開店直後こそ1日２００人ぐらいの来店があったが、2〜3週間もすると客足がガクッと落ち込む。

「認識が甘かった、というのが一番の原因です。フレンチや和食のコース料理は複数の料理で完成する。逆にいえば、おいしいと思ってもらうチャンスが何度もある。前菜がそれほど印象に残らなかったとしてもメインの肉料理で挽回できるかもしれない。煮物がダメでも焼き物で失地回復できるかもしれない。だけどラーメンは、この一杯が勝負なんです。丼の中のスープ、麺、チャーシュー、一つでもダメなものがあれば、全部ダメになってしまう。正直、店を始めたとき『これは俺が作る１００％のラーメンじゃない』と思っていました。『やりながらレベルアップしていけばいい』と思っていた。それじゃ、ダメだったんですね。客足は１日40人にまで落ち、手の空く時間ができました。それで空き時間にいろんな研究をして商品をどんどんブラッシュアップしました。自分のラーメンに自信が持てるようになったのは2カ月目ぐらいかな。ちょうど全国放送のテレビ取材が入って、客数は一気に３００まで増えました。スープも間に合わない状態です。その後もメディアで取り上げてもらって1年後にはコンスタントに１８０人前後のところで落ち着きました」。

「初代けいすけ」で手応えをつかむと竹田氏はすぐに2店舗目に着手する。２００６年7月、新宿区高田馬場に「二代目海老そばけいすけ」オープン。

「二代目は高田馬場という場所柄、明確に女性をターゲットにしました。女性が入りやすく、おしゃれな店にしたい。エビというテーマは半年前から決めていました。フレンチ時代に伊勢海老のコンソメスープを作っていたんですが、それをラーメンにしてみたかった。ただ、コンソメの技法は難しいので、ラーメン向けにアレンジを加えました。問題は原価です。メインの材料はエビの頭。伊勢海老は高くてとてもじゃないけど使えない。そこで築地に行って『エビの頭だけ売ってくれませんか』と探し歩きました。最終的に、エビの商社にたどり着き、交渉の末に甘エビの頭だけを売ってくれることになって、海老そばが実現したんです」。

海老そば、ユニークな器、徹底的に女性を意識した店づくり。これらは目論見通りカスタマーの気持ちをとらえ、二代目は開店直後から大ヒットとなる。

「問題はその後です。その年の10月、立川に三代目を出しました。今度はイタリアンをテーマにした、トマトと和ダシのラーメンです。いまでこそトマトを使ったラーメンは珍しくありませんが、当時はまだまだ未開拓の領域。厳しかったですよ。1店舗で年間2600万円の赤字を出しましたからね。ほかの店の調子が良かったので幸い会社を潰すことにはならなかったけど、あれはものすごく勉強になりました。一歩先、二歩先のものはなかなか受け入れられない。時代の半歩先というのが距離感としてはちょうどいいんです」。

その後、四代目のつけ麺、肉そばのヒットで国内での地歩を固め、2010年3月にはシンガポールのパルコに海外進出第一号店をオープンする。

「実は手帳には『2012年海外進出』と書いていました。だからパルコから声を掛けてもらったときには正直『ちょっと早いな。大丈夫かな?』とも思ったんです。でも、海外へ打って出るならアメリカかシンガポールと決めていたので、その可能性に賭けてみることにしました。だからといって当時、きちんとしたマーケティングリサーチができていたわけではありません。パルコの担当者からは『現地のローカルフードにプロウンミーというエビを使った麺料理があって、シンガポールの人はそれがすごく好きだから〝けいすけ〟の海老そばなら絶対に受ける』と言われました。実際に現地へ行ってプロウンミーを食べたところ、断然うちの海老そばの方が旨い。これならいけると思ったんです。でも結果は惨敗。屋台のプロウンミーは4ドルぐらい、うちは15ドル。全然、売れません。早々に撤退することも考えましたが、ひとまず業態を変えてもう一回だけチャレンジしようということになり、同じ年の10月にメニュー構成を変えてリニューアルオープンしました。新しい店はエビを外して豚骨をメインにしたところ、評判も良く、徐々に持ち直しました。余力も出てきたので翌年には8坪の場所を借りて『豚骨王けいすけ』を出店しました。ここは店舗が狭いということもありましたが、戦略的に行列ができるように仕掛けたため、現地メディアでも取り上げられ、『小さいのにロングキュー（long queue＝行列）ができる店』と話題になりました。その後、シンガポールでは好調に店舗を展開し、現在は11店舗、約70名を雇用しています。すべて直営です。現在、FCやジョイントベンチャー（戦略的提携）の話も多く来ています。フィリピン、タイ、マレーシア、オーストラリア……。実際にはどこまで実現するかは分かりませんが、これらの国の店とはパートナーシップという形で動いています。直営は日本とシンガポールだけ。あと、チャンスがあればアメリカも直営でやりたいですが、それぐらい。いまは国内同様、5年かけて築いたシンガポールのブランドをしっかり守ることが優先事項ですね」。

初代けいすけのオープンから数え、２０１５年で丸10年。黒味噌、海老そば、渡り蟹そして伊勢海老のつけ麺、肉そば、鴨……。10年間でさまざまなフロンティアを切り拓いてきた。ラーメン界の〝イノベーター（革新者）〟、そう呼ぶ人もいる。

「イノベーター、そうですね。そうでありたい。世の中には『既にラーメンは出尽くした』なんていう人もいるけど、全然そうは思わない。可能性のある題材ってまだまだほかにもあるんです。自分にとってラーメンの定義とは〝一つの丼に一汁三菜が完結していること〟。日本の食卓は一汁三菜といいますね。ラーメンにも、この一汁三菜がそろっている。主食の麺があり、汁があり、メンマや海苔、ほうれん草などの副菜があって、主菜のチャーシューがある。まさに一汁三菜で構成されています。逆に、丼のなかで一汁三菜が完成しさえすれば、青森の煮干しラーメンのように、麺にかん水が入っていないくてもラーメンとして認められています。スープの原料だって、鶏、豚、魚介に限らない。具材にしてもそう。そう考えれば、『出尽くした』なんてとても言えないですよね」。

イノベーションの舞台裏についても少しふれておきたい。以前はすべてのメニューの開発を竹田氏が手がけてきたが、国内外に30店舗以上の直営店を展開する大所帯となったいまは、竹田氏のアイデアを元に、それを立体的に組み上げる商品開発チームが限定メニューなどの商品設計を行っている。いわば、けいすけグループの心臓部だ。

「開発チームはみんなそれぞれ豊富な経験を積んだ料理人ぞろいです。商品開発部門のトップは有名フレンチや和食店の厨房での経験も長く、ふぐ調理師の資格まで持っています。いまは彼ら精鋭部隊が、僕のイメージを具体的な形にしてくれています。こういう素材で構成できないか、こんなスープの取り方を試してほしい。そうしたオーダーに対して作っ

たものを僕が試食し、フィードバックを繰り返して商品を磨き上げていく。一番新しい店（2016年3月31日オープン）のメイン食材は高級食材の『ふぐ』です。ふぐの出汁を使ったラーメン専門店は、おそらく業界初、世界初でしょう。当然、一番のハードルは原価でした。1杯2000円、3000円のふぐラーメンだったら誰にでも作れる。だけど、ラーメンの価格の範囲内でおいしいふぐラーメンを作るのは非常に難しい。そのために仕入れ先もいろいろ当たりました。そして、縁あってふぐを卸してくれる業者が見つかり、『ふぐだし潮 八代目けいすけ』が現実のものになりました。まだまだ出尽くしてなんていないんです。一汁三菜のなかであればどんなこともできる。日本蕎麦だったらこうはいかない。面白いつゆの蕎麦を出したら、『これは蕎麦じゃない』と言われるでしょう。だけどラーメンはそれが許される。だからラーメンは面白いんです」。

けいすけブランドの価値は「新しいもの、世の中にないものを生み出すこと。イノベーションで業界を活性化すること」という竹田氏。「振り返ればあっという間の10年でした。自分なりに後悔している部分もある。もっと頑張っていたらどうなっていたかな。息切れしていた時期もあったなぁという忸怩たる部分もあります。この先の10年は、そう思わないように頑張りたいですね。明確な目標は設定していませんが、子どもたちから、ラーメン屋はかっこいいと思われるような仕事にしたい。プロ野球選手やサッカー選手と並んで『将来なりたい仕事』の中にランクインするような業界にしたい。そのために、僕はいつも先端にいたい。あとはさ、仕事もいいけど引退して沖縄に住みたいね」。ラーメンの可能性が未知のものであるとすれば、先端を走る使命を負った「けいすけ」に休息はない。残念だけど、沖縄移住はもうちょっと先の話になりそうだ。

田中剛

田中商店

たなか　つよし

1969年青森県外ガ浜町（旧三厩村）の漁師の三男として生まれる。青森山田高校卒業後、上京し料理人の世界へ。とび職、トラック運転手を経て、1995年環七「金太郎」の立ち上げに携わる。2000年「田中商店」開業。

くさいはうまい

「お客さんとの勝負だなんて、みんな簡単に口にするけどさ。本当に真剣勝負だった。僕の場合は」。

まだ田中商店を始める前、「金太郎」時代の話だ。1995年、26歳で本格博多ラーメンを掲げて環七に店を立ち上げたものの当初は連日閑古鳥だった。「隣は1日に300～400食売り上げる繁盛店。対してうちは40人ぐらい。お客さんが来るたびに『この顔を覚えておこう。もう一度来てくれたら俺の勝ちだ』、そう思って商売をしていました。当時は誰もが金太郎はすぐ潰れると思っていたはずです。本気でいけると思っていたのは、僕だけですから」。

青森出身の田中氏が豚骨ラーメンに出会ったのは23歳のとき。「なんでんかんでん」で初めて本格的な豚骨ラーメンを食べ、衝撃を受けた。「自分が知っているどんなラーメンとも違う。スープは白濁しているし、麺はそうめんみたい。高菜を入れたり、替え玉のシステムも画期的。旨いな。面白いな。そこからドはまりですよ。『赤のれん』、『九州じゃんがら』……、いろいろ行きましたね。福岡に行って食べたら、同じ豚骨ラーメンといっても薄いスープや濃いスープ、麺の太さもいろいろあって。豚骨ラーメンの文化それ自体にすっかり魅了されました」。

ラーメンで一旗揚げたいと考えていた田中氏は、トラックドライバーとして全国を回りながら週末ごとに喫茶店の厨房を借りて夜通し試作を繰り返した。試作に費やした期間は3年。まがりなりにも料理の経験はあったから、どんなものも作れるつもりでいたが、豚骨ラーメンに限っては味を近づけることはできても、あの臭いだけは再現できなかった。

「呼び戻しなんて言葉も知らなかったからね。いまならネットで調べればすぐ分かるけど、当時の情報源はテレビと雑誌ぐらい。おまけに若くて生意気で、他人に聞くのは卑怯だという感覚があった。だから手探りですよ。スープに牛乳を入れたり、コーヒーを混ぜたり、考えられることはすべて試しました。でも何を入れてもあの臭いにはならない。悩み抜いた挙げ句、材料ではなく、スープを炊く時間が関係しているんじゃないかと気づいたんです」。

呼び戻しとは材料を継ぎ足しながらスープを炊く手法のこと。「結局週末の2日間だけじゃ、あの臭いは出ないんですね。とりあえず店を開いて数日間炊いていたら、だんだん臭いが出てきたんです。おぉ、キタキタ！　この臭いって。うれしかったですよ。お客さんは日に40人でも、寸胴4本を呼び戻しでどんどん回して毎日500人分ぐらいのスープを炊いていました。そうじゃないと味に厚みが出ないと信じていたから。多い日には7杯も自分のラーメンを食べました。食べるたびに迷いが出てタレも30回ぐらい変えたんじゃないかな。とにかく手探りでした。だけど、反響が出ないからといって鶏や野菜を入れたりはしなかったですね。僕は青森の人間です。博多の名前を借りる限りは博多の味に忠実であらねばならない。九州の人から本物と認めてもらえるような一杯を作らなければならない。そう決めていました。博多でも鶏や野菜を入れる店はあるし、だからといって本物じゃないとは思いません。でも、当時僕は豚骨100%というガチガチの決意でやっていたんです。だから餃子もメニューに置きませんでした。替え玉の楽しさを知ってほしくて最初の1年間はごはんもやりませんでした」。

そのうちにじわじわとファンが増え、1日に100人、200人を超えるようになり、5年経つ頃には1日400人を数えることも珍しくなくなった。ところがこの頃、オーナーと行き違いがあり、田中氏は「金太郎」を残して店を去ることになる。

再スタートの場所は同じ足立区。「金太郎」を辞めて1カ月半あまりで、自らの名前を屋号に入れた「田中商店」を開業する。第2のスタートに選んだのも豚骨ラーメンだ。しかし、つい2カ月前まで1日400杯の店を切り盛りしていたというのに、フタを開ければ5年前と同じ光景が待っていた。

「すごろくでいえば『ふりだしに戻る』ですよ。来てくれるお客さんは1日に60人ぐらい。だけどね。今度は怖くなかった。だって原理原則を守って、まちがいのないものを出し続ければ、またお客さんが戻ってくるという確信が僕の中にあったからです。そのうちに、金太郎時代のお客さんがどこかで情報をつかんでチラホラ来てくれるようになりました。『ここにいたのか!』なんて声を掛けてくれるお客さんもいました。覚えていますよ。12月20日にオープンして、最初の大晦日にビールかけをやったんです。お客さんが一人もいない店の中で。次の年は同じ時間帯に行列ができていました。ビールかけなんてやったのがウソみたいでした」。

いまは恵まれているよね、と田中氏は嘆息する。

「だってネットで何でも調べられるから。僕はいろ

んな失敗をしましたよ。分からないことだらけだったから。温度のことに気づいたのもだいぶ経ってからです。僕がめざしていたのは、コクがあってキレのある豚骨ラーメンですが、コクは簡単に出せても、キレを出すのがなかなか難しいんです。油っこくなく、さっぱりと食べてもらうにはどうしたらいいのかとずっとずっと考えていました。答は温度だったんです。温度が高いとキレが出る。そのために丼を温めるようにしたら、替え玉率がバチッと上がったんです。『なんだ、そんなことか』ですよ。一つのことに気がつくのにずいぶん時間が掛かりました。ようやく味が固まったのは金太郎時代から数えて10年目ですね。タレのレシピ、スープに使う食材の量も、10年掛かってようやく固まりました」。

豚骨ラーメンにこだわり続けた田中氏が、2店舗目に出したのはふるさと青森のご当地ラーメン、煮干しラーメンだった。「青森のラーメンをやりたいという気持ちもたしかにあったけど、出店を決めた一番の理由は従業員に活躍の場を与えたかったからなんです。だから浅草に出した『つし馬』は、最初から白石と篠原という若い二人に店を任せました。初期費用の２０００万は捨てるつもりで。そうしたら案の定ボロボロですよ。こんな状態では営業できないと、何度シャッターを閉めさせたことか分かりません。僕はいつも言っていました。『お客さんの丼を見なさい。答は全部そこにあるから』。だけどあいつらはまったくその意味が分かっていませんでした。あるとき店長の白石に告げました。『この店を畳むか。１２０万の製麺機を自分で買って自家製麺でやり直すか。どっちにするんだ』。そうしたら『やります』と言ったんです。とりあえず製麺機は会社が肩代わりして買い、白石の給料から毎月３万円ずつ天引きしました。身銭を切ると製麺機が愛おしく思えてくるものです。あいつは自主的に粉の研究をするようになりました。しばらくして自分が作った麺を実際に店で出すようになると、今度はお客さんの反応が気になり始めます。そして気がつけば自然に下がってきた丼を見るクセがついている。あいつは言いました。『ごちそうさんと言われることの喜びがようやく分かりました』って」。

田中商店グループは現在、豚骨ラーメンの「田中商店」、煮干しラーメンの「つし馬」、喜多方ラーメンをベースにした「田中そば店」、優しいラーメンをテーマにした「田中屋」という4つのブランドを展開し、各店舗の厨房は従業員に任せている。

「僕は新しく店を出すとき、最初からいきなり売れなくてもいいと思っています。顧客をイチから獲得していくことの難しさと喜びを、みんなに経験してほしい。繁盛店で働いた人ほど、ラーメン店は暖簾を上げれば黙ってても客が来ると思っている。だけど違う。僕は、お客さんというのは簡単には入ってこないことを知っています。僕が従業員に言うのは、原価率のことでも、ノルマでもなく、とにかく旨いものを出しなさいということ。最初から結果が出なくてもいい。2年間は我慢しなさい、2年かけて店を作りなさい。顧客ができれば何があっても簡単に店は潰れない。2年間というのは、彼らがうちを出て独立したときに、必ず売れるようになるという自信を持たせるために必要な時間です。それは僕自身が経験したことだから。売上が出ないときにはいろんな葛藤が出てきます。餃子を出した方がいいかな。日本酒を置いた方がいいかな。だけど、それは我慢しなさい。2年間我慢して売れたという実績が強い自信になるのだから。そして言うんです。勉強は怠るな。いろいろな店のラーメンを食べて自分がいまどの位置にあるのかをきちっと把握しなさい。そして、まだまだもっと上に行こうという気持ちを忘れずにいなさい。それにしても面白いのは人間の舌です。僕はラーメン店を始める前、23歳のときに『春木屋』を食べて『ふぅん、まぁまぁだな』と思いました。生意気でしょ。3年後ラーメン店を始めるときにまた食べに行き、今度は衝撃を受けました。『こんなに旨いラーメンを俺はまぁまぁだと思っていたんだ』。恥ずかしくなりましたね。人間の舌というのは経験値で判断します。いま旨くないと思っても、それは自分には分からない旨さなのかもしれません。だからいまでも地方の繁盛店には3回行くようにしています。繁盛するからには何か秘密がある。離れられなくなる魅力がある。それは1回では分からないかもしれない。だから3回通うんです。そしてね、それに気づいたときに恥ずかしくなるんです。『これを一発で分からない自分はまだまだだな』って。自分の舌なんて、簡単に信じちゃいけません」。

田中氏は自分を曲げるなという一方で、自分を過信するなという。卑屈になるなと尻を叩き、謙虚でいなさいと説く。相反する感情を持つことが、自分を高めるモチベーションになる。

「自分より旨いラーメンを作る人はいっぱいいます。僕が若い頃めざしていたのは足立区で一番旨いラーメン店でした。従業員にも言うんです。地域一番店をめざしなさい。日本一とか、東京一とか、そんなこと言わなくていい。地域一番店でありなさい。それが地域の人にとって一番うれしいことだから。そう思われる店になれば、10年続けられます」。

行列店を10軒作るより、10年間続く店を1軒でも増やす。それが田中商店のめざすところ。

「僕のラーメンには、どこか下品なところがある。ワイルドさとか、雑味とか、そういう下品なところをワンポイント仕掛けるんです。それが、食べた後にフッと思い出させる〝何か〟になる。そういうイメージをラーメンに求めています。それと、僕が大

Merci
Grazie
Gracias
Thank you
Danke schön
謝
ありがとう
謝
Danke schön
Thank you
Gracias
Grazie
Merci

事にしたいのは『生きたスープ』です。最近のラーメンは料理化していますよね。昔はさ、まずいラーメンがあったんです。そういうラーメン店は生きたスープを使っていました。僕がいう生きたスープというのは、寸胴の中で材料を炊いて、火が掛かっている状態のスープのことです。そこから直接柄杓ですくって出す店が少なくなりました。いまの主流はできあがったスープを一度冷やし、提供するときに温めるスタイルです。こうするとどの時間帯に食べても味はブレません。昔のラーメン店なんて、朝と夜の味が違うのは当たり前でした。お客さんの方にもそれを楽しむ度量があった。『俺はあの店の夜の味が好き』『自分は開店直後が好き』とかね。だけどいまはネットの時代だから、『スープが薄い』『すげーしょっぱい』なんて書かれてしまう。1回のダメが、その店の大ダメージになる。だからリスクを取りたくないという気持ちは分かります。だけどさ。生きたスープには、その店にしか出せない臭いがあるんです。1時間炊いただけじゃ出ない臭い、寸胴から滲み出てくる臭い。マネしようたってマネできない。そういう臭いを嗅ぐと、僕はうれしくなっちゃうんです。沁みる感じがするんです。だからうちも寸胴から直にスープを抜いています。浅草の『つし馬』だけはスープが酸化するとおいしくないので取り切りにしていますが、ほかは全部寸胴からスープを抜いています。だけど……昔からやっているラーメン屋さんの臭いには、なかなか敵わないんですよ」。

くさいはうまい。そういったのは発酵学の権威である小泉武夫氏だ。

ラーメンだって、くさいはうまい。

田中商店の豚骨ラーメンは、写真を眺めるだけでムズムズ鼻腔が膨らむ。あの臭いが嗅ぎたくていてもたってもいられなくなる、そんな一杯なのだ。

玉川正視

玉

たまがわ　まさし

1976年神奈川県川崎市生まれ。2008年7月「つけめん玉 本店」オープン。現在は5ブランド9店舗を展開。2016年1月、三井アウトレットパーク台湾林口内に「つけめん玉台湾林口店」をオープンし海外初出店を果たす。

旨いをひろげる

音楽で生きていくつもりだった。

高校時代に音楽にハマり、卒業後もアルバイトをしながらバンド活動を続けた。インディーズではあったけれど、CDを出し、ツアーにも繰り出して、各地のライブハウスでライブを行った。音楽は当時、自分を表現するただ一つのツールだった。だけど音楽以外に夢中になれるものが一つあった。

それがラーメンだ。

スタジオ練習の帰りにラーメン、楽器店に寄ったついでにラーメン。ツアーに出るときはライブハウスのある街のラーメン本を買い込み、徹底的に予習した。そうしてほかのメンバーが地方の楽器店や洋服店を覗いている間に一人、ラーメンを食べに行った。

そうして30歳になるまでバンド活動を続けたが、「方向性の違い」から解散。音楽という表現ツールを失った。

「音楽がなくなったとき、自分の中に残っていたのはラーメンだけでした。食べ歩きを続ける中で自分の手で作りたいという欲求がどんどん高まっていたので、これはもうこっちの道に進むしかないな、と。その頃、僕には作ってみたいラーメンがありました。当時は濃厚なラーメンがすごく増えていましたが、濃厚＝オイリーというイメージが僕の中であったので、油に頼らずに濃厚なラーメンを作ることはできないかと考えたんです。それがラーメンを作るようになったきっかけですね。もともと料理を作るのが好きだったから、〝これがおいしい〟という着地点は見えていました。だけど、独学だから簡単にはそこにたどり着きません。何度も、何度も、試作を繰り返しました。そのうちに野菜を大量に使うという、いまの『玉』に通じるレシピができました。自分の中で『これは世の中にない味ができたな』という手応えを掴んだので、友人を招いて自宅でふるまったんです。そうしたら満場一致で『旨い』となった。それで店をやろうと決めました」。

２００８年7月、地元である川崎に「つけめん玉」をオープンする。駅から遠く、「店を出せば潰れる」と噂される物件ではあったが、〝油っこくない濃厚なつけめん〟というねらいは的中し、ほどなく繁盛店の仲間入りをした。

玉川氏の味づくりは疑問から始まるという。

「僕は常に疑問を持つようにしています。ラーメンを食べに行ったら、『これってこれでいいのかな？自分ならこうしてみるのにな』と、湧き上がった疑問とそのときの自分の欲求とを照らし合わせて考えるようにしているんです。玉の場合は濃厚なラーメンを食べながら『なぜ、オイリーなものばかりだろう』という疑問が湧き、だったら逆に油に頼らないやり方はないだろうかというワードが現れた。疑問からのスタートなんです。疑問の次は、丼の中にどんだけ自分の気持ちを注ぎ込めるかということを考

GYOKU

えます。自分の中の強気な部分であったり、やさしさであったり。それを常に考えながら商品構成を考えます。たとえばうちの『バラそば屋』でいえば、まずバラ肉たっぷりという強気な要素が軸としてあって、そこに清湯スープと平打ちのやさしい麺を持ってきました。仮に太麺で、油たっぷりのラーメンにしたら、強気なだけですごくごっついものになったはずです。丼の中で、強さ、やさしさ、しなやかさ、いろいろな表情が入り込んだときに、バチッと一つのまとまりができたんです」。

なるほど。強さを前面に出してインパクトを求めるのではなく、相反する感情を散りばめてバランスを取る。「バラそば屋」がオープンしたとき（2015年8月）、大崎裕史氏はこう述べている。「『玉グループ』は決して斬新さを狙わない。5年後でも10年後でも好かれているようなラーメンを出してくる。（中略）まったく新しくない。しかし、古いわけでもない。都内近郊で似たような味は見当たらないような気がする」。その評価に対する感想を求めると玉川氏は相好を崩した。

「最高の誉め言葉ですね。そうなんです。斬新には走りたくない。だけど、面白いことはしたい。『ありそうでなかった』とか、『どこかで食べたことがある』と感じるような商品が、僕たちのねらっているところです。『どこかで食べたことがある』と感じるのは、旨いものに出合ったときの感情なんです。本当は食べたことがなくてもそういう感じがする。ネーミングにしてもそうです。『バラそば屋』というとなんか聞いたことがありそうな感じがしますよね。でも、実際には初めてだったりする。『ありそうでなかった』、そこが落としどころです」。

玉グループのそれぞれのブランドに「ありそうでなかった」という枕詞を付けると、そこに店主の戦略が浮かび上がってくる。〝ありそうでなかった〟

濃厚だけど油っこくなく食べやすいつけめん（つけめん玉）、〝ありそうでなかった〟豚ではなく鶏と煮干しに特化したつけめん（三三七七）、〝ありそうでなかった〟濃厚魚介から魚介を引き算したラーメン（赤備）、〝ありそうでなかった〟昆布のうま味をガツンと効かせたラーメン（超大吉）……。

「音楽でいえば、普通に歌がうまいやつっていっぱいいるんですよ。だけどそこにクセが出てくると差別化されて、初めて聞いた曲でもすぐに『あの人の歌だ』と分かる。ラーメンもそうだと思います。盛りつけや丼のチョイス、味つけ、アプローチの仕方。おいしいというのは大前提だけど、どこかにクセがあるとそれが個性になります。新しい風を起こす人はみんなそうです。『せたが屋』の前島さん、『田中商店』の田中さん、『けいすけ』さんも常に常識をぶち壊している。みなさん、若手以上に努力しています。だからラーメンというジャンルそのものが発展していく。すごいなと思います。でもその一方で流行に弱いのもこの業界ですよね。パッと何かが流行ると右にならえですよ。インスパイアという便利な言葉を武器に、似たようなラーメンがどんどん出てくる。パクリに寛大な業界ですよね。アーティストだったら『盗作だ』って指摘されて問題になるじゃないですか。ラーメンはそのあたりが寛大です。だけど、それで面白いのかな。僕の場合、面白いと思えないと力が漲らない。青くさいかもしれないけど、気持ちが大事だと思うんです。そもそもどうしてこの世界に入ったのか。その最初の一歩目の気持ち、そこがブレないように僕は気をつけています」。

玉の一歩目といえば「つけめん」だ。

「つけめんに対する思いは人一倍あります。つけめんって面白いですよね。おそらく料理の世界では唯一、ぬるくて旨いものだと思うんです。不思議な食べものですよ。僕が一番好きなところは自分のタイミングで食べられることです。麺だけを食べてもいいし、つけ汁にちょっとつけて食べるのもいい。好きな量、好きなタイミングで食べられるという行為が、本当にストレスを感じなくていいんですよね。つけ汁の温度変化によって一杯でさまざまな表情が楽しめるというのもつけめんの魅力です。本当に深い食べものだと思います。僕は基本的にはラーメンとつけめんは別のジャンルだと思っています。もちろん、ラーメンありきのつけめんではありますが。ただ、スープの構成も違うし、麺の存在感も違う。スープを立たせるための麺なのか、麺を立たせるためのスープなのか。立ち位置が違うんですね。作り手の考え方としてどっちに比重を置くかといえば、つけめんの場合は麺とつけ汁の比重は5：5。ラーメンは4：6、もしくは3：7でスープの方が重要かな。新しい商品を考えるとき、僕はいろいろ分解して考えるんだけど、つけめんであれば『濃度』『うま味』『具材の見せ方』なんていうポイントから組み立てる。だけどラーメンになると『最後まで熱々』とか『スープを飲ませる』とか、まるで別のワードが出てくる。作るときの感覚が違うんですよ」。

分解して組み立てる。それもまた、玉川式の商品設計のプロセスである。

「いまですね。玉のつけめんを分解して、新しいアプローチができないかと考えています。その一つが野菜づくりです。玉のつけ汁には玉ねぎをたっぷり使います。この玉ねぎを自分たちで栽培することにしたんです。そのために千葉に農場を借りました。農場スタッフも新たに雇用し、夏には種まきをしました。自分たちで玉ねぎを育てることのメリットはたくさんあります。まず、おいしさ。同じ農場で採れた玉ねぎを使ってつけめんを作ったら、玉ねぎの甘味が出て格段においしくなった。それがまず一つ。次に気持ちの違い。自分たちがイチから作ることで生産者の苦労を知り、食材の大切さの再認識に繋がる。社員教育の一環として畑が使えます。それから安心安全であること。このプロジェクトでは農家の方々と一緒になってできるだけ薬を使わない栽培を試みています。自信を持って安心安全なものを提供できるというのは大きな強みです。最終的な着地点は、食べれば食べるほど健康になるつけめんを作ることです。最近は食品の機能性ということが注目されています。玉ねぎでいえば、抗酸化作用とか、血糖値を下げる作用があるといわれます。二日酔いにもいいと聞いたこともあります。『玉のつけめんには玉ねぎが何個分入っているから、二日酔い予防に玉につけめんを食べに行こうよ』となれば、そこに価値が生まれます。実をいえば、自分たちで玉ねぎを作ることで逆にコストは上がるんですよ。中国産の玉ねぎを買った方がよっぽど安い。でも、それを補って余りあるものがある。だから僕たちは玉ねぎを作るんです。これからは玉ねぎだけじゃなく、いずれはうちのグループで使う野菜をすべて自分たちで作るところまで持っていきたいですね」。

畑づくりでつけめんの価値を深掘りする一方で、2016年1月には日本を飛び出し、台湾にも店舗を広げた。つけめんをワールドワイドにしようと次なる一手を打つ。「ミスターつけめん」、そんな呼び名も板に付いてきた。

「2011年だったと思いますが、その頃から急にそう呼んでいただけるようになりました。『ミスターラーメン』といえば前島さんです。その前島さんと同じように『ミスター』と呼んでもらえる。うれしいですよね。この称号は本当に大切にしたいと思っています。『ミスターつけめん』の名に恥じないように、自分自身もっと努力して、磨きを掛けていかなければと思う。僕は一生涯、つけめんを背負っていく気持ちでいます。つけめんは、うどんやそば、

パスタに比べてもまだまだマイナーな存在です。『今日は調子が良くないからうどんにしよう』というぐらいに、もっと家庭の食卓に当たり前につけめんが出てくるようになったらいい。僕は、日本の食のスタンダードにつけめんを位置づけたい。カレーライスやハンバーグと同じように、子どもの好きな料理ランキングの上位に入ってくるようなジャンルに育てていきたい。そのために自分がいまやっているのは、繰り返しになってしまうけど、つけめんの分解です。つけめんを分解して要素を抜き出し、これまでつけめんを食べたことのない層にアプローチできるような価値に光を当てていく作業です。玉ねぎの健康効果に注目したように。つけめんは一般的になったといっても、まだちょっと偏った部分がある食べものだと思っています。音楽でいえばまだインディーズとメジャーの間くらいかな、そういう感覚が自分の中にあります。それを本当にメジャーにしたい。メジャーのど真ん中にしたい。もっとずっとポップな食べものにするためにはどうしたらいいのか。それを僕は考えています。そして、そうなれる可能性が十分にあると信じています」。

つけめんの未来を語るその表情は晴れやかだ。

「楽しいですよ。次から次にやりたいことがバンバン出てきて、そのたびに勉強し、知識を磨くうちに、さらにやりたいことが見えてくる。つけめんに向き合っていてストレスを感じたことは一度もないから、たぶん僕に向いていたんでしょう。音楽よりも性に合っていたということかな（笑）」。

音楽を諦めた後に見つかった本当に進むべき道。もし音楽でトントン拍子にいっていたら、それに気づくことはなかったかもしれない。音楽をやっていなかったら、味づくりのプロセスやブランド展開はまったく別のものになっていただろう。丼の中はいつだって、その男の歩いた道の集大成なのだ。

千葉憲二

ちばき屋

ちば　けんじ

1951年宮城県気仙沼市生まれ。22歳で料理の世界に入り、日本料理の名店「ざくろ」、銀座「江島」を経て1992年「ちばき屋」開業。現在は「ちばき屋」3店舗、「葊蔵」2店舗のほかに和食処「まかない葊いち」を営む。

原点

原点は4歳のときに食べた一杯のラーメンだ。

水産業を営む父に手を引かれ、気仙沼の魚市場に並ぶ食堂で、細ちぢれ麺の支那そばを食べたことを昨日のことのように憶えている。その後、7歳のときに父が41歳の若さで他界。やもめになった母は女手一つで4人の兄弟を育て上げた。苦労する母の背中を見ていた千葉氏は、自分が商売人になればたとえ片親となっても何とか生活していけると考え、いつしか料理人をめざすようになる。横浜の大学を卒業後、銀座の日本料理店「ざくろ」へ。22歳、板前としてはいささか遅いスタートだった。周囲は年下の〝先輩〟ばかり。彼らと同じような仕事をすれば一生この序列は変わらないだろう。そう考え、「30歳までに一人前になる」と決意する。ちなみに和食の世界での一人前とは煮方（にかた＝煮物を作る人。副料理長に相当）になること。人一倍懸命に働き、やがて29歳で副料理長に抜擢される。その後、32歳で料理長に就任。しかし「料理長といっても自分の考えた味じゃないし、名前を借りているだけ」と考え、「40歳までにオリジナリティを発揮できる料理人になる」と新たな目標を立てる。願いは通じ、34歳のときにヘッドハンティングされて銀座「江島」の立ち上げに参加。2年で店を繁盛させ、その功績で取締役総料理長に就任する。

実力が認められ階段を駆け上がった千葉氏だったが、達成感の一方で物足りなさを感じていた。「現場を離れた僕の務めは、献立を書くことと料理長会議に出席することぐらい。何不自由ないけど、何か物足りない。結局さ、自分はやっぱり現場が好きだと気づきました」。そして、独立開業を思い立つ。

「ある日ラーメン店にできた行列を見た。一杯数百円のラーメンを食べるために行列ができるのが不思議でね。僕も初めて並んで食べた。それが大勝軒。この頃から、独立するならラーメンと決めていた。銀座のど真ん中で客単価3万、4万円の料理を作っていた男が、その看板を外したときにどこまでできるか試してみたくてね。ラーメンの中身は麺とスープだ。日本のどこでも値段はそれほど変わらない。同じ条件下でスタートラインに立つ。だから失敗しても言い訳ができない。自分のラーメンが否定されたとしたら、料理人としての自分が否定されること。そこに挑戦する意義があると思いました」。

開業は1992年。奇しくも父が亡くなったのと同じ41歳でのスタートだった。屋号は実家の「千葉喜（ちばき）商店」から取り「ちばき屋」と付けた。

「昨日まで黒塗りのハイヤーで送り迎えだった男が、中古のママチャリに乗ってにぎりめし食いながら朝6時に店に行くわけだ。夜中の1時半まで店をやり、片付けて家に帰るのは3時ぐらい。だけど、それを苦労したと言うつもりは微塵もない。自分の好きでやったことだから。生活は一変したけど、自分ではステップアップだと思っていた。これは周り

がどうのこうのいうことじゃなく、僕の価値観ですよ。男で生まれたからには挑戦し続けたい。なんていうと、ちょっとかっこつけすぎかな」。

新たな目標は「50歳までにラーメン界に旋風を巻き起こす」こと。

和食料理人歴20年の千葉氏がたどり着いた一杯は黄金色に澄んだ鶏ガラベースのスープに細ちぢれ麺を合わせた支那そばだった。「食べてホッとする味。それが食の原点じゃないかな。ラーメンの場合はそこに雑味感も必要。雑味感というのは油だね。いろんな素材が混ざった油。それがスープとの相乗効果を生むんだ」。いまではすっかりおなじみの具材となった〝半熟煮玉子〟を考案したことでも話題を呼んだ。「玉子を割ったときに黄身がボロボロ崩れてスープが濁るのが嫌だった。かといって黄身がドロッと流れてもスープが濁る。じゃあ、羊羹みたいな食感の半熟玉子だったら喜ばれるんじゃないかってね」。〝誰が食べても旨いと認める味〟という着地点をめざした一杯は、狙い通り評判を呼んだ。折からのラーメンブームも人気を後押しした。

そんなときテレビへの出演を通じて生涯の友に出会う。「博多一風堂」の河原成美氏だ。

「テレビ局のプロデューサーの計らいで一緒に飲むことになりました。話をしてすぐに同じニオイを感じたね。30分でお互いを『成美ちゃん』『千葉ちゃん』と呼び合う仲になりました。僕の方が一つ年上ではあるけど、彼との出会いがあったから、50歳、60歳と、僕は自分なりの夢を追いかけ続けることができたと思います。いまでもときどき言うんです。『オレは河原成美をガッカリさせるような仕事だけはしない』って。それは彼も同じ。お互いに火花を散らすというよりも、お互いを意識した仕事をしているつもりです。彼の存在がなかったら、僕はたぶん全盛期の頃にラーメンを辞めていたんじゃないかな」。

目標通り50歳を前にラーメンで一世を風靡した千葉氏は「60歳までにもう一度、銀座に和食の店を出す」という新たな目標を掲げる。そして2010年、59歳のときに銀座に和食処「まかない 㐂いち」をオープン。現在もラーメンの仕事で東京を離れるとき以外は毎日「㐂いち」の厨房に立っている。

「幸せ者だと思います。60歳のときにね、河原成美が音頭を取って『100年祭』を開いてくれました。生誕60年と飲食業40年を合わせて100年ということで。パーティーには450人が駆けつけてくれました。僕の財産を確認できた瞬間だったね。僕には人のつながりしかないから。きれいごとに聞こえるかもしれないけど、僕は金儲けのためにラーメンをしてきたつもりはさらさらない。もちろん商売だから利益を生むための経営はする。ただ、いまのラーメン界を見ていると、どちらかですよ。ラーメンを利用した商売をしている人間か、ラーメンに向き合って商売をしている人間か、この二通りしかない」。

ラーメンを利用するのか、ラーメンに向き合うのか。その差は結果として表れるという。

「振り返ってみたときに、僕らはラーメンブームというものに恩恵も受けたし、裏切られもした。メディアに踊らされ、メディアに殺されたみたいな部分もある。その頃、僕も河原成美も、『こんなブームがいつまでも続くわけない』といっていた。でも仲間の中には『そんなことない。俺らは永久に不滅だ』なんていうのもいた。僕は不安だったから、どんなに行列でも常に味を磨いた。一方で調子づいていた連中は、ラーメンに向き合うことなく居眠り運転している間に崖から落っこちていった。境になったのは日韓W杯（2002年）でした。試合の放映時間に合わせて客が減り、W杯が終わっても連中の店には客は戻らなかった。そのうちに次のブームが来て、そのたびに浮気され続けた。ブームは怖いですよ。『ちばき屋』が一世風靡したときには同業者がこぞってうちに食べに来たんです。気がつけば、だんだん周りに似たようなラーメンの店が増えていった。だけどみんなが追いつこうとするなら、それ以上の努力をして引き離してやろうと思ったね。もっと進化させようと何度も味づくりを見直した。安易に流行に乗るようなことはしなかったな。『ちばき屋』が鶏白湯を出したら、それじゃあまりにも節操がない。『ちばき屋』といったら支那そばだよねっていう安心感と信頼感。それをお客さんに与えられるかどうか。そこが大事だと思う」。

お客さんがラーメン店に求める安心感と信頼感。それに対して「いまのラーメンは風呂敷を広げすぎている」と千葉氏はいう。

「ここ二十年、いろんなブームがあって、いろんなラーメンが現れた。それがだんだんエスカレートして何でもOKみたいになってきた。イタリアンのパスタの代わりに中華麺を入れたようなラーメンなんて、目先を変えただけで新鮮みなんてあるわけない。なんでもっとみんな、ど真ん中の旨いところを追求しないんだろうって思う。フリークもフリークですよ。彼らにはこれからのラーメンを左右する影響力があるのに、それで稼ごうとするもんだからいつのまにかしがらみができて、おいしくもないのに記事を書く連中も現れた。歩くラーメン事典になる前に、きちんと批評精神を持ってほしい。旨さのど真ん中を追求しようとする食べ手側の要求度が、昔から比べたら低くなったと思う。若い人たちがラーメンのわびさびも分からず食べている姿を見ると、あぁこのままどんどんジャンクな食べものになっていくんだろうなと思うよ。どんな食べものにも必ず定義がある。おいしさの位置づけがある。僕が思うラーメンは、小さな子どもからお年寄りまで老若男女が好む食べものなんだ。食べるとホッとする。人によっては懐かしさとか、郷愁とか、あったかみが湧き上がる。それが本来のラーメンの位置づけなんじゃないかな」。

思い浮かぶのは4歳のときに初めて食べたラーメンだ。

2004年。千葉氏は故郷・気仙沼市からご当地ラーメンのアドバイザーを頼まれた。フォーラムに参加するため、河原氏をはじめ幾人かのラーメン店主とともに気仙沼に車で行ったときのことだ。時間も空いたのでみんなに街を案内していると、懐かしい店が目に飛び込んできた。遠い日に父に連れられて入った「かもめ食堂」だ。「ここがオレの原点のラーメンだ」というと、「よし、入ろう。入ろう」となった。半世紀ぶりに訪ねると、果たして当時と同じ二人の姉妹が（歳月を重ねてすっかりおばあさんになってはいたが）、店を切り盛りしていた。

「それがさ、僕のことを憶えていてくれたんだよ。千葉喜さんですよねって。千葉喜というのは実家の屋号でね。僕が東京でラーメン店をやっているのをテレビで観て、知ってくれていたんです。それで話が盛り上がってね。河原成美が横から『誰かこの店を継ぐ人はいるの?』と尋ねると『私たちの代で終わりです』という。『じゃあ、千葉ちゃん継げよ』なんて冗談まじりのやりとりがあって……」。

その後、2006年に「かもめ食堂」は閉店する。

そして2011年3月11日。津波が気仙沼の街を呑み込んだ。数日後、炊き出しのために気仙沼を訪れた千葉氏がまのあたりにしたのは、変わり果てた故郷の姿だった。港のシンボルだった「かもめ食堂」の建物は跡形も無くなっていた。そのときフッと河原氏の言葉が頭をかすめた。

「かもめ食堂」をオレの手で再興しよう。

思い立った千葉氏はすぐに行政と折衝を重ねた。

shinasoba
CHIBAKI-YA

しかし建築制限も敷かれていて、話はなかなか前には進まなかった。そのとき新横浜ラーメン博物館の岩岡館長が「千葉さん、それなら復興するまでうちでやりませんか」と提案してくれた。「まずはうちで気仙沼を発信して、いつか復活できるときが来たら気仙沼に戻ればいいじゃないですか」。そうして2012年2月から3年間、新横浜ラーメン博物館に「かもめ食堂」は復活オープンした。

その間も千葉氏は粘り強く地元との折衝を続けた。ところが場所が見つからない。すると、不動産業を営む中学時代の野球部の先輩が、港に面した土地を紹介してくれた。かつて「かもめ食堂」があった場所から数百メートルのところだ。

「交渉した結果、売ることはできないけれど、貸すことならできるとなった。それで定期借地契約で15年間、そこを借りられることになりました。15年後といったら僕も80歳だ。15年間やれば僕なりの恩返しもできるだろうと思って、よしやろうということになった。それで建物を建てて……。高いボランティアですよ(笑)」。

2015年11月、新生「かもめ食堂」がオープン。

「ここに食堂があることで、少しでも気仙沼に人が戻ってきてくれたらいい。観光客ももちろんだけど、やっぱり地元の人たちに愛される店にしたい。ラーメンもあるけど、それだけじゃなくて、カレーライスもある。丼物もある。復興のシンボルのような食堂にしていきたいね」。

一杯のラーメンは想いのリレーだ。

幼い我が子に旨いものを食べさせようとした父の想い。古い常連客の忘れ形見の活躍を見守る、食堂のおかみの想い。故郷の復興を願って立ち上がった料理人の想い。たかが一杯、されどいっぱい。

その想いのどれもが、しみじみあったかい。

託された想いは、また別の一杯に受け継がれる。

BOND OF HEARTSグループ

塚田兼司

つかだ　けんじ

1971年生まれ。長野県長野市出身。15歳でラーメンの世界に入り、22歳で独立。業界でいち早くネクストブランドでの店舗展開を導入。テレビ出演、イベントプロデュースなど、八面六臂の活躍で業界全体を盛り上げる。

未知なる君に、道を造ろう

魚雷、気むずかし家、烈士洵名、けん軒、武士（もののふ）、チラナイサクラ……。BOND OF HEARTSグループのブランド数はFCを加えると現在13に上る。直営店に限っていえば、気むずかし家と烈士洵名以外のブランドはすべて1軒ずつ。成功したブランドで多店舗展開した方がノウハウを共有でき、何より効率がいいのにと思うのだが……、塚田氏は言う。「貧乏育ちだから慎重なんです。たとえば笑楽亭がヒットしたからといって10店舗出したところで、笑楽亭の人気がなくなれば全部一気に潰れます。うちにはいま従業員が100人ぐらいいます。細くても長く続けることが大事なんです」。

次々とネクストブランドを発表し、都内での店舗展開を順調に進め、ラーメン界に強いインパクトを与え続ける塚田氏。だが、ホームタウン（本社）を長野から東京に移すつもりはない。

「一生変わらない。僕は信州の塚田兼司だ」。

塚田氏は生まれてから5歳になるまで東京で育っ

た。父は大蔵省に勤務する官僚だったというから、当時は所謂おぼっちゃま育ちだったのだろう。しかし5歳のときに父を白血病で亡くし、父の郷里である長野に母子で移り住むことになる。いまの世の中なら母方の実家に身を寄せるところだが、父は長男だったため長野の家に入らざるをえなかった。

「おふくろの給料は当時8万円。そのうち5万円を食費として実家に入れて、その残りから兄弟二人分の給食費を払ったり、生活費を工面していました。だから外食をしたこともなければ、家族旅行もしたことがない、おもちゃを買ってもらった記憶もありません。小さい頃の僕の夢といえば『生クリームを腹いっぱい食べること』だったんです」。

　お金が必要であれば自分で稼いだ。中学時代には新聞配達をして、月に一度の彼女とのデート代に当てた。「ませガキだったんで、革靴履いてスーツとか着ちゃってレストランで食事していたんです」。

　高校に入ってすぐに同級生から「バイトしない？」と誘われ、ラーメン店でアルバイトを始める。当時15歳、ラーメン人としてのキャリアのスタートだ。とはいえ、それまで特にラーメンが好きだったわけではない。本当にたまたま。だからこのときケーキ店に入っていたら、その後の人生はまったく別のものになっていただろう。でも、とにかくラーメンだった。そしてその店の主人に、いつしか塚田氏は死んだ父を重ね合わせるようになる。

「高校を卒業して、そのまま店に入りました。ずっと親父（主人）と一緒に仕事をしたい、そう思っていました。でも19歳のときに親父から独立を勧められたんです。最初は嫌でしたよ。やっていけるか不安だし、独立なんて全然考えていなかったから。でも親父に『面白いから』と強くおされて、結局22歳で店を買い取ることになるんです」。

　独立を見据え、まずは全国のラーメンを知ってお

きたいと、20歳のときに貯金をはたいて3カ月半の武者修行に出る。博多、大阪、名古屋、東京、喜多方、北海道。特に博多で食べた豚骨ラーメンは衝撃的だった。塚田氏は作り方を教えてほしいと店に頼み込み、願いが通って〝タダ働き〟を許される。店に立つのは朝8時から夜8時まで。仕事が終わり銭湯で汗を流したら、夜9時から早朝5時まではカラオケ店の厨房でバイト。終わればラーメン店の倉庫で仮眠して、朝になったらまた厨房に立つという生活を1カ月半続けた。

こうして1993年、親父さんから「笑楽亭」を引き継ぎ、若干22歳で一国一城の主となる。

独立から2年後の95年には居酒屋をオープン、続いて98年に「うまいもん工房 けん軒」、02年に「頑固麺飯魂 気むずかし家」をオープン。開業10年目の03年には横浜に「なみのりや」を出店し、初の関東進出を果たす……。会社の沿革だけをなぞればいかにも順風満帆に見えるが、その実は紆余曲折の連続、七転び八起きのラーメン人生だ。

2号店として手がけた居酒屋は開店半年間こそ好調だったものの「調子に乗って店を若い子に任せ、遊び歩いている間に」売上が転落。商売の難しさを知った。3店舗目となる「けん軒」は博多で覚えた技術を注ぎ込み信州初の本格豚骨ラーメンで勝負を挑むが、当初は「麺が煮えてない」「そうめんみたい」「スープが臭い」とバッシングの嵐。豚骨臭が出ないようスープは呼び戻し（継ぎ足し）をやめてシングル取り（取りきり）にするなど、豚骨ラーメンの枠組みを守りながらも歩み寄りの努力を重ねた結果、オープンから18年、「けん軒」はすっかり地元のソウルフードとして親しまれている。

忘れられない失敗がある。06年、お台場のテーマパークに「烈士洵名」を出店したときのことだ。「烈士洵名」は都内出店にあたり、都に信州の旗を揚

げたいと立ち上げたブランドです。烈士洵名のラーメンは信州丸出し。信州の小麦、信州の白醤油、信州の地鶏、メンマはさすがに信州にはないので代わりに信州のエリンギを使っています。とことん信州LOVEの一杯です。04年に文京区に店を出し、ある程度認知されてきたところで、お台場の集合施設から声が掛かりました。6店舗が半年間の契約で入るんですがうち以外は北海道や九州の店ばかり。周囲が売上を伸ばす中、うちは記録的な大敗を喫してしまいます。これには完全に打ちのめされました。信州ブランドなんて見向きもされなかったんです。信州といえば、世間のイメージはやっぱり蕎麦なんですよ。信州のラーメンです、といったところでお客さんの心には響きません。逆に博多や札幌といえば名前を出しただけでバンバン売れていく。こちらがいくらがんばっても太刀打ちできません。でも、これが歴史に裏打ちされたブランドの力なんだと思いました。先人ががんばってラーメンを出し続けたことで築かれたブランド、そのおかげで次の世代は苦労せずステージに立つことができる。もちろんそこから先の努力は必要だけれど、少なくとも門前払いされることはありません。この先も、信州から僕と同じように東京に挑む若い子が出てくるだろう。そのときに自分と同じ惨めな思いをさせたくない。だったら自分たちががんばって信州のラーメンをブランドにするしかないと思いました。がんばった先には、自分が知らない、未知の人たちの幸せがある。だから自分は未来のために下草を刈って道を造ることにしたんです」。

それまでも信州を売り込むことは塚田氏のテーマだったが、お台場での敗戦によりこれまで以上にブランドづくりを意識した。何かあれば「信州」「信州」。口を開けば「信州」「信州」。いたるところで「信州」を売り込んだ。メディアを巻き込んでさまざまな企画を立ち上げ、ラーメンイベントにも力を入れた。

「信州ラーメン博もその一つですね。イベントを盛り上げるために、仲のいいラーメン店主を口説き落として参加してもらいました。いまでこそ全国各地でラーメンイベントが行われていますが、まだまだ地方でのイベントは少なかった当時です。ラーメンで信州に人を集める、そのためにみんなで力を合わせる、そこに競合店の垣根を越えたラーメン店同士の絆が生まれました」。

ながの東急百貨店で開催した「ラーメンファンタジスタ」では、東京の有名店主に協力を依頼し、東京と信州の店主によるコラボラーメンを実現させた。「ラーメンファンタジスタは単なる催事じゃない。ラーメンをつくる人にフューチャーした新しいファッションショーです。これも大ヒットしました。ラーメンファンタジスタの目的はお金儲けではありません。駅前中心市街地から郊外に人が流れていくという問題は全国どこの地方でも見られますが、特に長野市はオリンピックのときに幹線道路がバンバンできて郊外に大型店が作られていったためにその傾向が顕著です。中心市街地から人が消え、街は輝きを失っていました。じゃあ、こんなとき百貨店に求められるものは何だろう。百貨店の使命は何だろう。街の百貨店というのはいつでもみんなの憧れの場所です。週末には家族で手を繋いでショッピングに来て、洋服を買って、パフェを食べて、笑顔になって帰って行く。そういうキラキラした時間を提供するのが百貨店です。にぎわいをもたらし、街を再生するのが百貨店の使命です。だったらラーメンでそのお手伝いをしましょう。ラーメンの力で街の再生に一役買いましょう。そういう目的なんです」。

ラーメンと蕎麦を対決させる「信州麺バトル」という異種格闘技戦のようなイベントを仕掛けたこと

もある。

「信州のナンバーワンブランドといえば蕎麦です。信州蕎麦に無名のラーメンが戦いを挑む。10：0の戦いですよ。でも、結果的に3：7でラーメンが勝ちました。とはいえ結果はおまけであって、目的はいかに信州のラーメンに注目を集められるか。そしてラーメンの地域ブランド力を成長させることができるか。連携しながら、競争する。競い合うことによってレベルが上がってさらにおいしくなる。信州のラーメン店を集めて信州麺友会を立ち上げたのも、そうした連携と競争の仕組み作りのためです。麺友会があることで店主同士の発憤材料になる、おいしいラーメンが食べられて地域の人たちにも貢献できる。結果、いいことづくしなんです」。

ラーメンはまちづくりに繋がる。それが塚田氏の持論だ。

「信州は観光王国です。山や温泉、豊かな自然。都会の人が求めるものがここにはいっぱいあります。けれども弱点は、おいしいものが少ないこと。蕎麦はあります。でも、それぐらい。長野県は全国一の長寿県ですよね。裏を返せば基本的に粗食の文化なんです。自分たちが採った野菜をお味噌汁に入れて食べ、長生きをしている。素晴らしい文化です。だけど観光で売り込むためには粗食文化でOKというわけにはいきません。僕たちが作ろうとしているのは信州のご当地ラーメンです。何代にもわたって受け継がれる地域財産です。税金に頼らず自分たちのやり方でムーブメントを作って、ブランド化し、観光アイテムの一つに育て上げていく。そうして長野県の地域財産として活用してもらう。人口減少で地方は疲弊していますが、長野県に全国各地から、世界中から人を呼び込み、ビジネスチャンスが生まれたら地域に活力が戻ります。日本が元気を失っているときにも、『なんか長野県は元気だよね』といわ

れるような地域であってほしい。それをラーメンを通して成し遂げることが〝ラーメン人〟塚田兼司としての最終目標なんです」。

ネクストブランドによる店舗展開、「鶏白湯」をいち早くこの世に送り出した先見性、ラーメン作りにコーヒーサイフォンを持ち込む独創性。塚田氏がラーメン界にもたらしたインパクトは味だけではない。ラーメンイベントのプロデュース、自らの名前を冠にしたラーメンバラエティ番組の企画・出演、児童福祉施設や老人ホームへの訪問……。

「根っこにあるのは〝ワクワクと感動〟の提供です。何をやったらたくさんの人が喜んでくれるか、ワクワクしてくれるか、感動してくれるか。そういうことをずっと考えています。ただそれを純粋に突き詰めていった結果が、イベントだったり、テレビの番組作りだった。それだけです。僕はよく『一杯から始まる無限のストーリー』という言葉を使います。ラーメンの可能性を円グラフにすると、日々店舗でおいしいラーメンを作ってお客さんを楽しませるというのは、ラーメンがもつ可能性の30％ぐらいなんだと思います。ラーメンはもっと人をワクワクさせる力を秘めているし、人を幸せにすることができる可能性を持っている。地域活性化もそうだし、社会貢献もその一つ。東日本大震災のあとに人びとの空腹を満たしたのはカップラーメンであり、真っ先に炊き出しに乗り込んだのもラーメン屋さんでした。円グラフの空白部分には何が入るのか。ラーメンを通して僕たちは何ができるのか。そんなことをずっとずっと考えています」。

「いつもワクワクとの勝負」。

塚田氏が何気なく放ったひと言が印象に残った。ワクワクは冒険と同じで、到達した瞬間に次の未知なるものを求める。その勝負には終わりがない。

富田 治

中華蕎麦 とみ田

とみた　おさむ

1978年茨城県生まれ。「東池袋大勝軒」創業者・山岸一雄氏に憧れて業界入り。本店「中華蕎麦とみ田」は週末４時間待ちとなる人気店。現在は食券を預けて指定時刻に再来店する「とみ田式ファストパス」を採用。

下山の美学

2015年4月1日、正午。富田氏は大塚にいた。週に一度の定休日。「マスター」と呼んで慕っていた山岸一雄氏の病床を見舞うため、マスターの愛弟子である原田氏と待ち合わせ、大塚駅前の「大勝軒」でもりそば（つけめん）を食べていた。数日前からマスターの状態が良くないことは聞いていた。今日で最後になるかもしれない、その覚悟もしていた。店を出て歩き出したとき、原田氏の携帯電話が鳴った。電話に出たその表情から富田氏はすぐに事態を悟った。マスターが息を引き取ったのだ。

マスターを最初に見かけたのは20歳のときだ。ラーメンの食べ歩きをする中で「東池袋大勝軒」のもりそばに感動し、実家のある茨城から何度も足を運んだ。このとき麺上げをするマスターの横に立っていたのが後に直接の師匠となる田代浩二氏（こうじグループ）だった。その後、田代氏が独立して「茨城大勝軒 佐貫本店（佐貫大勝軒）」を立ち上げたため、それ以後は実家に近い佐貫の大勝軒に通った。

その2年後、実家の土建業を手伝っていた富田氏は、親の敷いたレールの上をおとなしく歩く人生に嫌気が差して家を出る。働き口のアテもないまま飛び出した富田氏を拾ってくれたのが田代氏だった。

佐貫大勝軒には住み込みで働いた。その頃の楽しみといえば東池袋への「お使い」だ。当時はタレに使う醤油を東池袋まで買い付けに行っていた。「大勝軒」の前に醤油売りが来るので、空のポリタンクを持って買いに行くのだ。お使いに来た富田氏の顔を見ると、マスターは必ず「そば食っていけよ」と声を掛けてくれた。それがうれしかった。

マスターから直接、技術指導を受けたことはない。けれども引退後もマスターを慕って会いに来る富田氏にマスターはいろいろと教えてくれた。

「ラーメン屋としての心構え。お客さまへの姿勢。そういった心の部分ですね。マスターは『ラーメンの神様』とまでいわれる人なのに、少しも偉そうにするところがなかった。僕は、大勝軒も好きだけど、それ以上に山岸一雄という人物に心底惚れ込んでいたんです」。

ラーメン職人としての心を教えてくれたのが山岸一雄氏だとすれば、富田氏に忍耐と経営をたたき込んだのが田代浩二氏だ。

「田代さんはマスターとは対極。マスターが職人肌だったのに対して、田代さんは根っからの経営者です。一軒の厨房に立ち続けたマスターとは違い、田代さんは経営手腕を発揮してものすごく店舗を広げています。僕の場合は、そのお二人のいいとこ取り。職人としてはマスターのように一店舗を守り続けていきたいのですが、僕には妻と三人の子どもがいます。自分に何かあったとしても、家族にだけはお金が入る仕組みを作りたかった。それで、現場に立ちながら同時に店舗展開する道を選択しました。現在は8店舗を経営しています。この規模ですと普

通なら現場を離れて社長業に専念するところでしょうが、僕はマスターと同じように毎日厨房に立つと決めました。僕が店に立って初めて『とみ田』の味、『とみ田』の雰囲気が演出できると思うからです。大つけ麺博のようなイベントでどうしても店を空けなければいけないときは、店自体休業します。毎日現場に立ちながら、8店舗を経営する。二人の師匠の教えを僕というフィルターを通して消化し、現在の営業スタイルを確立しました」。

〝日本一の行列店〟とまでいわれる店舗での現場仕事と、年商12億円を超える企業の経営。その両立がいかに難しいかは、ほかに同じスタイルでやっている店主がいないことからも明らかだ。

「結局僕は、経営者になりたくてラーメン店を始めたわけじゃない。ラーメンを作りたくてラーメン店をやっている。そうである以上、ラーメン職人としてあるべき姿を僕は実践していきたいというのがあります。僕が第一線でお客さまに誠意を持って『ありがとうございました』と言う姿を見せることが、従業員にとっての一番の教育だと思うんです。楽をしたいときもありますよ。人間ですから。だけど土俵際まで追い込まれてもグッとこらえて現場に立ち続け、お客さまに笑顔を届ける。ツラいと思う自分と、頑張らなきゃと思う自分のせめぎ合いに打ち勝つ。そのことが気持ちの強さに繋がると思うんです。偉そうなことを言っていますが、マスターの真似事にすぎません。僕にとってマスターは『一生かけて追い続けていきたい背中』なんです」。

「とみ田」グループは自社で工場（心の味食品株式会社）を持ち、毎日工場で炊いたスープをそれぞれの店舗に運んでいる。店舗では味の最終調整を行い、客に提供する。本店「中華蕎麦とみ田」の場合、この最終調整を富田氏自身が必ず行う。仕込んだ日の異なる3本のスープを用意し、それらを合わせて味を調える。提供するときは、注文毎にスープを小鍋で温める。火の入れ方や煮詰め方によってスープの印象が変わるため、この作業はすべて富田氏が行う。

「僕はスープに相当うるさいんですよ。毎日ここで調理していますから、ちょっとでもブレや問題があるとすぐに分かるんです。いつも相当ピリピリしています。だから工場の従業員も真剣です。その緊張関係がクオリティの歯止めになっていると僕は思っています。こう言ってしまうと角が立つけど、味も接客も含めて、普通のラーメン店とは全然違うというのを『とみ田』で味わってほしいんです。本店で出しているのは『つけそば』と『中華そば』だけですが、この一杯で3万円のフレンチフルコースを食べた後のような『ちょっといいものを食べたぞ』という満足感を感じてもらいたい。コース料理と違うのは、この一杯がすべてということです。お客さまにしても、人生の中でそう何度も3時間、4時間待って『とみ田』のラーメンを食べてくださることはないでしょう。お客さまにとっては人生で一回きりの機会だと思うから、絶対にへたなものは出せない。本当に手塩に掛けて育てた娘を嫁に出すような気持ちで一杯一杯お作りしています」。

自分が厨房に立ってこそ「とみ田」のもてなしだと自負する一方で、葛藤もある。

2015年6月、「中華蕎麦とみ田」は突如無期限の休業に入る。富田氏に、営業スタイルに対する迷いが生じたからだった。

「きっかけは、本店の従業員が辞めたことでした。厨房で真剣にラーメンと向き合うあまり、従業員に対する僕の口調がキツくなることがあります。お客さまからも『せっかく長時間並んで食べたのに、従業員に厳しく言っているのが残念だった』と指摘されたこともありました。もしかしたら、僕がいない方が従業員たちはのびのびやれるかもしれない。僕がいないことでお店の空間としてはクリーンな状態になって、お客さまも気持ちよく食事ができるのかもしれない。僕がここに立たなくちゃいけないというのは、もしかしたら自己満足なのかもしれない。だったら自分は厨房から退いた方がいいんじゃないか……。自問自答しました。真剣に悩みました。答を出すまでに10日間かかりました。その間、ずっと本店は閉めたままでした」。

10日後、『中華蕎麦とみ田』は営業再開する。それは、「これからも富田治が厨房に立つ」という決意表明だった。

「ピリピリした空気も含めて個性だと割り切ったんです。こちらは完全に本気でお客さまに向き合っている。お客さまも4時間の待ち時間を覚悟して1杯のラーメンを食べに来る。お客さまだって本気なんです。本気である以上、譲れないものは譲れない。この張りつめた空気も『とみ田』の個性だと思っていただければいい。ちょうどこのときテレビの密着取材が入っていて、音声の都合で店内のＢＧＭを消した状態で営業を再開しました。すると、いつも以上に僕と従業員のやりとりが店内に響いて、さらにすごい空気になっちゃったんです。ところが無音の方がお客さまも真剣に食べてくれるのが手に取るように分かりました。そういう空気は伝わるんですね。無音が作る緊張感、これはいいなと思って。それで、それから営業中のＢＧＭをやめました」。

さらに真剣に。さらに研ぎ澄まされた空間に。空白の10日間を経て、『とみ田』はまた一歩、成長を遂げたのだ。

「いまの僕があるのはマスターと田代さんのおかげ。それは揺るぎない事実です。田代さんからかつて『おまえはラーメンバカだから、経営云々より自分のスタイルで日本一になりなさい』といわれたことを覚えています。僕が田代さんに恩返しできるとしたら、自分が有名になって、この『とみ田』を輩出したのは田代さんだというところに行き着くことなのだ、そう思って頑張ってきました。もっとおいしい一杯を作りたい、もっとお客さまを喜ばせたい、その積み重ねがいまの評価を築いたのだと思います。とはいえ、ここまでの評価というのは遙かに僕の想像を上回っていて。これが長く続けばいいとは思いますが、絶対に『とみ田』の人気が未来永劫続くわけではないことも分かっています。時代が変われば、趣向も変わる。いつか『とみ田』が衰退するときが来ます。だから僕はいま、山の下り方を考えています。登った山をどう下りるかです。僕はこれまでにも、高いところまで登り詰めながら足を踏み外して滑落したラーメン屋さんをたくさん見てきました。経済的にも時間的にも余裕が出てきたら、人間誰しも遊びたくなっちゃうんですよね。そこまで登って、あえて苦労しようとするやつなんてよっぽどの変人です。だけど僕は油断して足を滑らすようなことは絶対に嫌だから、日々100％力を注ごうと思っています。そうして結果的に、自然な流れの中でだんだんと人気が衰退していくというのが理想的な山の下り方だと考えています。自分の中でも『あぁ、俺の時代は終わったな』というのを100％悔いのない心持ちの中で自分を収めたい。精一杯やれることをしながら衰退していくのであれば、それが本望じゃないですか。経営者の中には山から下りるのが怖くて次から次に別の山を探し求める人もいるでしょう。だけど僕としては、ラーメン屋として一つのけじめをつけてから次の山に登ることを選びたい。ビジネス書を開けば、目標が大事だと決まり文句のように書いてあります。だけど、僕の場合は基本的にノープランです。周りの社長からも20年後を考えていまどうすべきかを考えろと忠告していただくけれど、僕はそんなことを考えても空

回りするだけじゃないかと思うんです。遠い場所にゴールがあって、そこに向かうためにはいまこれをしろと言われても、僕だったらそれに本気で取り組むことができない。それよりも、いま食べに来てくれている目の前のお客さまにとことん満足してもらう、そのために最大限の努力を払うという方がシンプルだと思うんですね。僕の未来はその積み重ね。それをただ真剣に積み重ねた先に、20年後の未来があると思うんです。すべて自責です。招いた結果はすべて自分に原因があると僕は考えています。人に良くした分は良い結果として返ってくる。周りに嫌なことをすれば悪い結果として戻ってくる。だから、いま目の前のことを真剣に頑張るしかないと思っています。そしてその結果として誰かが喜んでくれたら、これ以上の喜びはありません。考えてみると、僕は人を喜ばせるのが昔から好きでした。それがラーメン職人になって、自分の作った料理で目の前のお客さまが喜んでくれるのを目にして、もっと喜んでもらいたい、もっと喜んでもらいたい、そう思って努力してきました。一生をかけて打ち込む何かというのは、人によって違うし、それに出会うタイミングも違いますが、僕が何よりラッキーだったのは、それを見つけたのがとても早い時期だったことです。20歳でマスターのラーメンに出会い、22歳で田代さんの下に飛び込んで、28歳でお店を持たせてもらって、いま、ここまでやらせていただいている。

だから僕は恩返しがしたい。育ててくれた人に、育ててくれたラーメンに」。

空白の10日間から1年。

「とみ田」は10周年を迎える。その厨房に必ずや店主は立っているだろう。

〝富田治〟に、もう迷いはない。

野津理恵

らぁ麺 胡心房

のづ りえ

東京都世田谷区生まれ、町田市育ち。1998年に両親が始めたラーメン店を2000年頃に引き継ぐ。2005年５月に現在の場所に移転し、店名を「らぁ麺 胡心房」に改名。佐野実氏を囲む店主グループ「佐野 JAPAN」の一員。

おとんから娘へ

街場のスイーツ店のように女性たちが列をなすラーメン店がある。町田の「らぁ麺 胡心房」だ。「胡心房」が最初にメディアで取り上げられたのは、両親が切り盛りしていた前身「虎心房」時代。経営不振の店をテレビ局がバックアップして〝修業先〟を紹介し、再起を図るという番組だった。理恵さんは家族の番組出演に大反対。

「そりゃそうですよ。かっこ悪いし、さらし者だし。賛成する理由がありません。だけどそんなに大変な借金を抱えていたことを、そのとき母から初めて聞いたんです」。

放送の翌日からテレビ効果で店は大繁盛。それまではときどき店を手伝う程度だった理恵さんも、連日店に借り出された。

「テレビの怖さ、影響力はすさまじいですね。毎日、何百人というお客さんが押し寄せました。とにかく行列をさばくのに必死で、よくまあ誰も倒れなかったと思うぐらいでした」。

行列に沸く一方で、元来職人気質の父は迷いを抱えていた。修業先で教えられたのは麺やスープではなく〝のせもの〟に力を入れた「カニ玉ラーメン」で、自分が思い描くラーメンの姿とはかけ離れていた。

「ミュージシャンでいえば、売れるために好きでもない曲を歌っている状態です。自分が納得できないものを作り続けるのはマスター（父）にとって耐えられないことでした。それで行列がひと段落したときに、番組に了解を取って味を変えることにしたんです」。

そこからは両親を中心に家族とスタッフが一緒になって味づくりに打ち込んだ。理恵さんも加わり、スープやタレ作りに没頭する。

「みんなで悩みながら味を作るうちにだんだん楽しくなってきて、気づいたら完全にラーメンにハマっていました」。

大反対した番組がきっかけで、図らずもラーメンの道を歩むことになったのだ。

その後、家族で作りあげた「虎心房」の新しい味は客の心をつかみ、経営難の店ではなく評判の店として雑誌やテレビで取り上げられるようになった。

「うれしかったですよ。テレビの後はやっぱりすごい数の人が来るんですが、前とは違ってそれが楽しかった。自分たちが納得したものを出すということがいかに大事かということを痛感しました」。

店が軌道に乗り多忙を極めたため、両親は同時に経営していた大衆割烹に専念し、ラーメン店は理恵さんが中心となって切り盛りすることになる。

その後、区画整理で立ち退きを余儀なくされ、2005年5月に矢野口から現在の場所に移転。それを機に店名を「虎心房」から「胡心房」に変え、メニューも現在の「お魚とんこつ」に切り替えた。

さてその移転リニューアルのおよそ1年前。理恵さんは生涯の師との出会いを果たしている。

ある寒い日の夕方、ラーメンを作りながらふと外を見ると、待つわけでもない、並ぶわけでもない距離で佐野実氏（支那そば創業者）と武内伸氏（ラーメン評論家。2008年逝去）が寒さに震えて立っていた。

佐野氏といえば当時テレビ番組『ガチンコ！』の出演で腕組みガンコ親父のイメージがしっかり染みついていて、理恵さんは番組自体を観ることはなかったが、もちろんその存在は知っていた。

「うわ！　佐野実だって。思わず焼けたステンレスを掴んじゃって大やけど。その頃連載していた『FRIDAY』の取材で来てくれたんですね。アポなしって噂は聞いていたけど、本当にアポなしだったんです。武内さんとは既に知り合っていたので、武内さんが連れてきてくださったんだと思います」。

食べ終わった二人は店の外に出ると、ふらっと親が営む隣の店に消えた。客足が落ち着いたのを見計らい、礼を言うため顔を出すと、パソコンに向かって執筆する武内氏の横で佐野氏が酒を飲んでいた。

「そのとき佐野さん、何ておっしゃったと思います？　目の前の私に向かって『久々にまずいラーメンを食った』と言ったんですよ。『なに、このオヤジ』と思って言い返しました。『あなたがまずいと思うのは勝手だけど、おいしいと思って食べてくださるお客さまに対して失礼でしょ。なんなんですか！』って。これは後から気づいたことですが、そのとき父が現場を離れていたのもあって母子家庭だと思い込んだらしいんですね。女一人で頑張ってラーメンをやってる姿を見て、それを佐野さん流の言葉でエールを贈ってくださったのだと思います」。

跳ねっ返りの強さにウマが合ったのかもしれない。その後、理恵さんは佐野氏を仰ぐ若手ラーメン店主の集まり「佐野ＪＡＰＡＮ」の紅一点として佐野氏の薫陶を受けることになる。

「佐野さんのことを私は『おとん』と呼んでいまし

た。おとんからは本当にたくさんのことを教わりました。ラーメンの作り方そのものよりも、食材への向き合い方とか、一杯に対する姿勢とか、業者さんへの礼のつくし方だとか、人としてあるべき姿を教えてもらったように思います。たとえば、これまで使ったことのない新しい食材を手に入れたとします。それを試作もせずにお客さま用のスープに入れるのはもってのほかだと口酸っぱく言っていました。お客さまに直接影響するような試し方をするのはお客さまに対して失礼だからです。ガンコはガンコでも勉強しないガンコはダメだぞ、とも言っていました。麺屋（製麺会社）に文句を言う前に自分が勉強をしろ。小麦粉のこと、かん水のこと、勉強をしてからものを言いなさいと教わりました。行きつけのお寿司屋さんとか和食屋さんにもよく連れてってくれました。おいしいものを、おいしいときに、きちんとした人が手がけた料理を食べることで、経験値を高めようとしてくださったんですね。自分は漬物ぐらいしか食べないのに、『腹は減ってないか？この時期はこれが旨いから食べろ』なんて言ってくれて。おとんに会うたびにすごいエネルギーをもらいました。おとんは何を尋ねても的確な答を返してくれました。一度、麺のことで相談したときに『〇〇っていう小麦粉を試したらどうか』と言われて配合してみたら目からウロコでした。後日、『だいぶラーメンらしくなったよ』と報告すると、『そうだろ』ってすごくうれしそうな顔をして。お弟子さんには悪いけど、弟子じゃなくて良かったと思います。弟子だったらこういうつきあい方はできなかった。もちろん師匠と弟子の関係だからこその特別なものはあるんだろうけど、佐野さんはあれだけ有名になっても私たちのような年下の一ラーメン店主を、同じラーメン店主として扱ってくれたんです」。

佐野氏は惜しまれながらも2014年4月11日に

他界する。

「おとんほどの人にはもう二度と会えないと思います。おとんと共有した時間や一緒に過ごした記憶は、私にとっての財産です。近頃はリスペクトなんていう言葉が氾濫しているけど、私が本当に大好きな上に尊敬しているのは〝育ての親〟のおばあちゃんと、佐野さんの二人だけかな。もちろん両親には感謝しているし尊敬もしているけど、その感情とはまったく別物なんです。だからね。何もお返ししていないうちに逝ってしまったという心残りがすごくあります。もらうばかり。教わるばかり。一つもまだ返せていない。だって私、おとんからラーメンを褒めてもらったことがないんですよ。前に飲み会をやろうということでご自宅におじゃましたときに、おいなりさんを作り持って行ったけど、そのときぐらいです。褒められたのは。もっと背中を見ていたかった。本当に、そう思います」。


佐野氏から学んだラーメン職人としての姿を追ううちに、「胡心房」は町田でも指折りの行列店に成長した。理恵さん以下、女性スタッフが中心となって店を切り盛りしているため、その点で注目されることも多い。

「女性が一人でラーメン店に入るのは、ラーメンを生業にしている私ですら抵抗がありました。だから町田に移ってきたときに壁面にガラスを入れて、女性の働いている姿が外から見えるようにしたんです。ラーメン店は油を使うからあんまりガラスは採用したがらないけれど、手元を見せて仕事をすることはこちらにとっては緊張感、お客さんにとっては安心感に繋がりますよね。それと、雇用する側の意見としては、何かあったときの対応の早さでは圧倒的に女性が優れているように思います。お年寄りが来たらどうするか。ベビーカーの子ども連れが来たらどうするか。その辺りはマニュアルに書いて教えなくても、躊躇なく声を掛けたり、すっとドアを開けたりできる。そういったこまやかさではやっぱり女性ですね」。

客商売の適性が高いとすれば、なぜ、女性のラーメン店主は少ないのか？

「ラーメン屋さんというとでっかい寸胴を持ち上げるイメージがあるからかな。コツと工夫さえあればそんなに力がいる仕事でもないですけどね。うちの場合は大きな寸胴でスープを炊いたら、ストックして使うために小さな30㎝の寸胴に移し替えますが、30㎝寸胴なら華奢な女性でも持ち運べるし、移し替えるときも寸胴を斜めにすれば持ち上げる必要はありません。女性だってやろうと思えばできるんです。工夫と努力さえ怠らなければ。それを証明したかったという気持ちはあります。だけど、世の中の目はやはりラーメン職人というと男性の仕事というイメージが根強いですね。でも逆に、うちの店で働いている子たちは、『女の子なのにラーメン屋さんで働くことがかっこいい』と思っていますから。女性がイキイキと働ける現場がラーメン店というのもステキだと思いませんか」。

「胡心房」のカウンターに座って厨房を眺めていると清々しい気分になる。揃いのTシャツを身に付け、テキパキとラーメンを作る姿は緊張感に溢れていて、甘っちょろい空気は微塵もない。だけど、醸し出す空気感は実にやわらかいのだ。

「うちはやっぱり女性同士やカップルのお客さんが多いですね。カップルでごはんを食べるというと普通は男の子がラーメンを食べたいと言って彼女を連れてくるものでしょうが、うちは逆で、女の子が彼氏を連れてくるパターンが多いんです。『おいしいから、あの人にも食べさせてあげたい』と思って大事な人を連れてきてくれるのは本当にうれしいですよね。だから私たちとしてはラーメンの味にブレが

あったらダメなんです。『あれ？ この前と違う。今日は調子が悪いみたいだね』なんていうことになれば、連れてきた本人に恥をかかせることになる。『やっぱりおいしかったね。また来よう』と思ってもらいたい。うちがストックスープにした理由は、味の熟成に繋がるというメリットもあるけど、第一に味を安定させたいからなんです」。

両親がラーメン店を始めて18年、町田に移転して11年になる。

「どんな店も10年で風化すると思っています。行列店だってそこにあるのが当たり前になってしまう。だけど街の景色に同化しないで、いつまでも元気オーラを発し続けていたい。求め続けられるお店であるにはどうしたらいいんだろうと、未だに模索する毎日です。ラーメン界の諸先輩方が〝変わらない味といわれるために、常に味を研鑽して少しずつ変えていく〟とおっしゃっていますが、私もそれを大事にしたい。うちの子が『やっぱり胡心房のラーメンが一番おいしい』と言ってくれるんですけど、私はイジワルだから『そんなことばっか言ってるから、うちのラーメンがいま以上においしくならないんだよ！』なんて言うんです。彼女たちにはそこでダメ出しができるぐらいになってほしいですね。もっとこうなったらいい。こうしたらどうなるだろう。そういう興味を持ってくれるようになったら、うちも風化せず、まだまだ元気でいられると思うんです」。

最後に、天国の佐野さんに恩返しするとしたらどんなことができるだろうかと聞いてみた。理恵さんはしばらく考えた後にこう言った。

「私がラーメン屋としてあり続けることかな」。

〝おとん〟から娘に託されたものを、次の世代へ遺すために。

風化なんて、してられない。

前島司

せたが屋

まえじま　つかさ

1962年東京都豊島区生まれ、母の郷里である高知県に育つ。割烹料理の板前である父の影響で料理の道に進むが店を飛び出しさまざまな職を転々。やがてラーメンに惹かれ、会社経営の傍ら10年以上の試行錯誤を重ねて独立。

ミスターラーメン

ミスターラーメンにだって挫折はある。

そもそものキャリア自体、挫折からのスタートだった。

2000年4月、ラーメン激戦区環七に故郷土佐の旗をはためかせることを胸に誓い、「よさこい」を開業する。このとき前島氏、37歳。ラーメン店での修業経験はナシ。独学でのスタートだった。そして多くの独学店主の例にもれず、彼もまた味のブレという壁にぶつかる。「よさこい」の売りは魚の風味を強調したスープだったが、この魚があだとなった。スープを作った瞬間はいい。しかし営業時間中ずっと寸胴を火に掛けていると、スープが酸化して真っ黒になってしまうのだ。盲点だった。「こんなにマズイなら二度と来ない」、開店を待ちわびて訪れた友人からは、そうはっきりと告げられた。どう修正したらいいのか分からず、営業時間中にたまらずシャッターを下ろしたこともある。

10年以上も研究を重ねて作り出した一杯だった。

10年分の自信が詰まった一杯だった。だけどその自信は一瞬で打ち砕かれた。「もう諦めよう」と本気で考えた。しかし気持ちを奮い立たせてくれたのも10年という歳月だった。「ずっと追いかけてきた夢を、そのために掛けてきた時間を、ムダにするわけにはいかない」。思い直した彼は再起を図り、オープンからわずか2カ月で「よさこい」を閉店する。

課題は明確だった。店を開けている間ずっとブレないスープを作ること。そのため材料のバランスを調整し、オペレーションも一から練り直した。

4カ月後、「よさこい」と同じ場所で再オープンを果たす。新しい店の名前は「せたが屋」。今度は店の所在地から屋号をつけた。

「多くの人に知ってもらおうと前回やらなかった営業にも力を入れました。ビラを配り、折り込み広告も出しました。おかげさまですぐに近所の方がたくさん来てくれました。中には『よさこい』のときに苦言を言ってくれたお客さんもいました。その方から『おいしくなったね』と言われたときはうれしかったですね。いま振り返ればあの程度の失敗でよかったんだと思います。この世界そんなに甘くないぞと痛感させてもらいました」。

スタートで躓いたからといって独学を後悔したことはない。「たしかに、ある問題にぶつかったとき、お店で修業していればすぐに聞けば分かることでも、僕の場合は正解にたどり着くまでに1年、2年を要しました。教えてくれる人がいないからとにかく自分で調べて試すしかない。でも、調べる過程で求めていた答以外のいろいろなことを知ることができました。それが結局、自分の引き出しになったんです。廻り道はするけれど、拾うものも多い。それが独学のメリットだと思います」。

枠にとらわれない自由な発想ができるのも独学だからこそ。開業からわずか1年で、後に「二毛作」

と呼ばれる営業形態を生み出したのも、まさに常識を外れたところからのアイデアだといっていい。

「戦略というより単純に塩ラーメンが作りたくなったんです。その頃塩ラーメンのブームが来ていて、僕も職人を自負する以上塩ラーメンは避けて通れないと思っていた。でもやるからにはタレの使い分けだけじゃなく、ベーススープから塩専用に取りたい。もっといえば塩ラーメンの専門店として打ち出したい。だけどもう一物件を借りる資金はない。スタッフもいない。だったらこの店を2つに分ければいい。空間を分けるのではなく、時間を分ける。『せたが屋』は夜だけの営業だから、昼は塩専門の店にしたらいい。そこから『ひるがお』が生まれました」。

昼と夜で同じなのは店主だけ。メニューも、味も、丼も、制服も、暖簾もすべて変えた。すると日中に来たお客さんが夜にも来店してラーメンを食べてくれた。まさに二毛作というわけだ。

2001年10月の「ひるがお」開店以降、「せたが屋」は積極的にブランド展開を進めることになる。2003年、ホタテ豚骨ラーメンの「豚そば家大大」を開業。2004年には新しくできたテーマパーク品達（麺達七人衆 品達ラーメン）に野菜ラーメンの「雲」をオープンする。さらに2006年には「中華そばふくもり」、翌年には「味噌らーめん南部」と、ネクストブランドを続々発表。みそ・塩・醤油、豚骨から煮干しまで、そのレンジの広さはまさに独学で培った引き出しの多さゆえ。いつしか「職人・前島司」そのものにスポットライトが当たるようになり、スター店主の一人としてメディアをにぎわせた。

まさに飛ぶ鳥を落とす勢いの「せたが屋」グループだったが、「他人がやっていないことをやりたがるから失敗も多かった」という。たとえば前述の「雲」は、いまでいうベジポタの走りで野菜からスープを取るヘルシーなラーメンだったが、時代の先を行きすぎていたのか広くは浸透せず、テーマパークのライバルたちに売上で遅れを取ったために1年で「せたが屋」に入れ替えている。

新しいことに挑むときにリスクはつきものだ。リスクを取って一歩を踏み出すか、リスクを恐れて留まるか。経営者としては難しい判断が迫られるところだろう。「せたが屋」は２００７年にニューヨークで初の海外進出を果たすが、当時はまだまだラーメンがクローズアップされていなかった時代だ。

「韓国系アメリカ人の経営するMomofuku Noodle Barが人気を集めていましたが、それぐらい。勝てる見込みはありました。寿司がブームになっていたし、日本食を受け入れる下地はできている。次はラーメンだ、と。アメリカ人には塩が受けるだろうというのが当時の僕の見立てです。彼らはシーフードが好きだから貝や煮干しのうま味が生きてくる塩が流行るに違いない、そう考えたし、実際に手応えも感じてはいたんですが……、まさか豚骨がこれほど流行るとは思いませんでしたね。その辺は僕の計算違いです。それよりも痛感したのはブランドを維持する難しさ。最初にパートナーシップを組んだオーナーとはいまは決別しています。勝手にメニューを変えたり、スタッフもそろっていないのにどんどん店を増やしたりするから、味が劣化してお客さんが離れていきました。一時期『せたが屋』のニューヨークでの悪評はひどかった。それで別のオーナーと新たに契約を結び、これまでの店をすべて畳んで一からコツコツ立て直しました。いまはようやく持ち直してきましたが、一時は本当に危なかったんです。失墜したブランドを回復するのに5、6年かかりましたね」。

店舗を広げれば広げるほどリスクが高まる。ニューヨークでの失敗でその怖さを思い知った。

「コップの中に『せたが屋』の原液があるとします。店を出したり、プロデュースをしたりというのは、この原液を配分して薄めていくこと。店を出せば出すほど原液は薄まっていく。これは僕にとって命を削っていくようなものです。そこで失敗が出るとキツイ。原液をいかに配分するか、その辺が難しいですよね。だから新しい店を出すには慎重にならざるをえない。以前のように、こういうラーメンがやりたいから店を作ろうというふうにはならなくなってきました。自信だけでやっていると痛い目に遭う。そういうことが失敗を重ねるうちに分かってきました。これは絶対にいけるだろうと自信があっても、売上が安定するのには時間が掛かります。そうすると経営的にこれ以上待てないということになる。そうして閉店を余儀なくされる。せっかくその店の店長になったのに、またゼロクリアで別のブランドに行きなさいというのもトップとしてはしのびない。会社がこの規模になると社員とその家族を背負っているという責任があります。試したくてもできないというのは、職人としては歯がゆさもありますよ。だけど自分が職人を貫くことが『せたが屋』にとっていいことなのか、それは別の問題です」。

「せたが屋」が走り続けていく上でブランド管理は永遠の課題だ。

「現在は会社の中に統括の人間を二人置いて、手分けして細かいところまでチェックしています。店舗を見回り、店長と面談をし、毎月会議を繰り返して問題点の洗い出しをし、社員と話し合って課題解決をめざします。店舗に不意打ちで行ってラーメンを食べることもよくあります。商品力が生命線ですから。そこがダメになるとブランドは崩れていってしまいます。反対にスタッフから正されることもありますよ。前に一度、メンマの仕込みが大変だろうから、外注で一括して作ってもらって合理化を図ろうと提案したら、『社長、それぐらいはできます。店で炊いた方がおいしいんだから僕らでやります』と言われたことがありました。ハッとしましたよ。自分が恥ずかしくなりましたね」。

職人としての前島司と、経営者としての前島司。どちらか一方に重点を置き過ぎると、もう一方が疎かになる。その綱引きを繰り返しながら自分のポジションを定める。バランスを崩さないために、足腰を安定させるために必要なのが人材の強化だ。

「商品の全責任は僕にあります。でも商品を作る権限は店長をはじめスタッフにも与えています。『せたが屋』には開発シートというのがあって、社員が新商品を提案できる仕組みになっています。新商品のアイデアが浮かんだら、商品コンセプトや原価を書き込んでエントリーする。僕がそれを見て、これはダメとか、これは面白そうだから試作に進もうとジャッジする。手直しを繰り返し、いけると判断した時点で商品となってお客さまに提供される。自分が考えたラーメンが実際に『せたが屋』ブランドの商品になるんだから、スタッフも楽しいですよね。彼らには勉強になるし、僕にとっても新しい気づきを与えてもらういいチャンスになる。お互いに学んで切磋琢磨して会社一丸になって前進する。開発シートにはそういう狙いがあります。うちから独立した関口（『進化』）は当時から限定をよく作っていましたね。彼は本当にラーメンが好きだし、研究熱心です。本物の職人ですよ。彼のように、うちで勉強して独立したいと思って来てくれることはありがたいこと。独立心のある子は前向きによく働いてくれます。そういう人は気持ちよく受け入れて、気持ちよく送り出してあげたい。戦力のある人がいなくなるのは会社としては大きなダメージですけど」。

ミスターラーメンがミスターラーメンと呼ばれるようになったのは、いつからだろう。

屋

「せたが屋」が環七の行列店となり、「ひるがお」で二毛作という新しい営業スタイルを築き、その後さまざまなブランドを展開し、ネクストブランドの潮流を作った。醤油や塩などの調味料すら一切使わない出汁だけの「ラーメンゼロ」を発表して業界を驚かせたこともある。一方で日本ラーメン協会の理事を務め、後進の育成や業界の裾野拡大に努めるなど、ラーメン界の兄貴分として立ち回る機会も年々増えてきた。テレビに引っ張り出されることも多く、もはや熱心なラーメンファンじゃなくとも、頭にタオルを巻いた精悍な男の顔とともにミスターラーメンの名前を記憶する人は多い。

「そう呼んでいただけることはとても光栄ですし、僕なんかでいいのかなというためらいもあります。ミスターといえば特別な存在ですから。『どうしてあいつがミスターなんだ』と不満に思う方も多くいるでしょう。呼ばれることにプレッシャーはありますけど、自分のケツを叩いてくれるという意味でありがたく受け取るようにしています」。

前島氏を突き動かすのは使命感だ。「これからラーメンは厳しい時代に入ります。少子高齢化でラーメンを食べる人口はどんどん減っていく。国内マーケットは縮小していくでしょう。ラーメン店を始める環境としては以前に比べても厳しくなっていますす。海外に活路を見出している人も多いですし、その動きはますます活発になるでしょう。『せたが屋』も店舗展開だけじゃなく、台湾の大学と産学協定を結んで接客研修の場を提供しています。大学から注目されるということはそれだけラーメンが世界中で認知されている証です。業界全体を盛り上げたい、そのためにいま何ができるか。ラーメンという食べものは、いつでも輝いてなくちゃだめなんです」。

ミスターラーメンはもがき続ける。自分が焦がれたラーメンが、いつまでも輝きを放つために。

宮崎千尋

ソラノイロ

みやざき　ちひろ

1977年東京都三軒茶屋生まれ。2000年３月株式会社力の源カンパニー入社。2011年６月14日麹町にソラノイロ開業。忙しい毎日だが読書も欠かさない。愛読書は『「原因」と「結果」の法則』『覚悟の磨き方』ほか。

まだ見ぬお客さまのために

その店の名は、ソラノイロという。

漢字にすれば空の色。般若心経の色即是空が由来だ。「空の色のように変わり続けることで変わらない評価を得たい」、看板にはそんな願いを込めた。

言葉通り2011年6月に麹町に本店を構えると、中華ソバ、ベジソバという二本柱に加えて早くも開店5日目にはスープに青汁を使った最初の限定メニュー「グリーンベジ冷麺」を提供している。

味づくりだけではなく店づくりも変化を厭わない。2013年12月に〝第二のベジソバ〟キノコベジソバをメインに据えた2号店「ソラノイロ salt & mushroom」をオープン。ラーメン素材としてのキノコに改めて注目させるきっかけとなるなど支持を集めたが、2016年2月に突如自ら幕引き。メニューを一新して新ブランド「素良《そら》」を打ち立てた。

宮崎千尋氏は言う。「人は変わりたいと言いながら、変わりたくないのが本音。今の心地よい場所に居続けることが楽だからです。僕だって人間だからそれはよく分かる。なるべく楽をしたい、なるべくサボりたい、そう思わないかというとそれは嘘になる。そんな弱い自分との戦いが、なりたい自分への近道になるんです」。

変わらないために変わり続ける〝宮崎千尋〟。その根っこはどこにあるというのか。

宮崎氏は1977年、東京で生まれた。15歳のときに父の影響でラーメンの食べ歩きを始める。

「今はもうなくなっちゃったけど中目黒に『中吉《なかよし》』という店がありました。寡黙な親父さんと愛想のいい奥さんの二人でやっていて、その親父さんが黙々と麺上げをする、その背中がかっこよかった。春木屋、永福町大勝軒、たけちゃんにぼしらーめん……。いろいろな店に通いましたが、それぞれ親父さんの人柄も違えば、ラーメンの表現の仕方も違う。一人ひとりの背中に個性がある、だからラーメンは面白いなって」。

高校を卒業し大学に進んだ宮崎氏は念願のラーメン店でアルバイトをする。卒業後は企業に就職するものの、ラーメンの夢を諦めきれずに退職。2000年3月、23歳のときに博多一風堂を展開する株式会社力の源カンパニーの門を叩いた。

最初は3年ぐらいで辞めて独立するつもりだった。けれども目標だった3年が過ぎ、5年が経過し、結果的に11年間を力の源カンパニーで過ごすことになる。その間に立ち上げた店は一風堂五反田店、西麻布五行、京都五行、銀座五行など約25店舗。最後は人材開発室の室長として人材育成を任された。「僕は会社生活11年間で黒字の店も赤字の店も経験させてもらった。どうしたら利益が出せるのか、何がポイントなのか。それが体に染みついている」。

修業時代に師匠（創業者の河原成美氏）からもらった言葉の数々は今なお宮崎氏のよりどころだ。「変わらないために変わり続けること」「世のため人のために何ができるのか」「自分は公器としてどうしていくのか」「商売人とは、好かれる、かわいがられる、嫌われないこと」「問題を楽しみながら解決する」。そして、「意志アレバ道アリ」。

意志アレバ道アリ。その言葉を何度心の中で唱えたことだろう。

ソラノイロの代名詞といえるベジソバは、宮崎氏がホテルで飲んだ100％ニンジンジュースがアイデアの源泉になっている。「オープンした2011年当時の主流は〝ガッツリ、濃厚系〟です。そのアンチテーゼとしてノスタルジックな中華ソバとニンジンジュースをヒントにしたベジソバを打ち出しました。メインターゲットは女性です。内装も、カフェをキーワードに女性が入りやすいようにしました。情報感度が高く、センスのいい人たちに、目を背けずにちゃんとラーメンに向き合ってもらうためには圧倒的にかっこよくなくちゃいけない。ラーメン業界全体が頭打ちともいえる状況の中で、そこに一石を投じるためにはどうしたらいいか。そう考えた結果がカフェであり、ベジソバでした」。

狙い通りベジソバは多くのメディアに取り上げられ、すぐに世間の注目を集めることになる。

けれども一方で「これってラーメン⁉」「パスタを食べているみたい」「ラーメンに健康は求めません」といった声も聞こえてきた。これでいいと思う反面、正直気持ちがブレたこともあった。それでも意志を貫き、提供を続けた。意志アレバ道アリ。

次第にベジソバはそれまでラーメンには馴染みのなかった女性ファンを獲得し、ソラノイロ唯一無二のラーメンとして着実に世間に認知されていくことになる。その証拠に、ベジソバを模倣した野菜スープのラーメンを出す店が都内のみならず全国各地に増えていった。「ほかの人がやりたければやればいい。そこは儲けがどうのこうのという話じゃない。

ソラノイロ

ラーメンを食べられる人が一人でも増えて裾野が広がっていけば業界への貢献にもなると思うんです」。

〝誰もやったことがないから先駆者になれる〟。それはラーメンに対する宮﨑流のアプローチの仕方だ。他人が作ったブームの後追いをするのではなく、固定化された何かに固執するのではなく。まるで降り積もったパウダースノーに自分の足跡をつけるように、未開の領域に足を踏み出していく。

２０１４年3月に発表したビーガンベジソバ（肉、魚、卵、乳製品を使わず完全ベジタリアンにも対応するラーメン）は、その後の宮﨑氏の方向性を決定づけるターニングポイントの一杯となった。

きっかけは同年2月にパリで開かれたラーメンウイーク。ソラノイロは、博多一風堂、ちばき屋ら5店舗とともに日本代表チームの1店舗として参加した。そこでベジソバを提供したときのこと……。

「お客さんから直接言われたんです。『ノーポーク、ビーガン』って。作れないのか？　という要望です。それまではビーガンという発想はありませんでした。第一、ビーガンなんて言葉も知らなかったし。でも、海外でそういう声があるということは今後確実に必要とされるということです。当時はベジタリアンカフェとか、菜食主義のレストランがビーガンラーメンを出すことはあったかもしれないけど、ラーメン専門店でビーガンを出す店は世界にもなかったはず。それなら僕が外国人のための、ベジタリアンのためのラーメンを先陣切って作ろうと思いました」。

ラーメンと健康は相容れないもの。それはある意味でラーメンにおける暗黙の了解だったのかもしれない。けれどもそれゆえにラーメンを避けてきた人がいたことも確かだ。宮﨑氏がそこに風穴を開けたのは女性客を取り込みたいという思惑もあっただろうが、自分自身が体調を崩したことも無関係ではない。「逆流性食道炎になったんです、少し前に。体調を良くするには食事を変えるのが早いだろうと、その頃から野菜中心の食事にしました。そうするとすぐに体調の変化が感じられたんですね。それをきっかけに明確に健康を意識するようになりました。今では、ビーガンもそうだけど、オーガニックだったり、安心安全な素材を求めるというのはうちのスタンスになっています」。

２０１５年夏から提供している麺に玄米麺がある。「島根の農家さんから提案してもらったんです。減農薬玄米を使った麺で、これなら小麦アレルギーの人も、グルテンフリーの人も食べられます。生めん類の表示に関する公正競争規約というのがあって、それには小麦粉にかんすいを加えて練り合わせたのが『中華めん（ラーメン）』と規定されています。ですけど、僕個人の意見としては、麺とスープと具材を使って丼で表現するという軸を外さなければラーメンと呼んでいいと思っているんです。それよりも食べ手の裾野を広げること、ラーメンの枠を広げることの方が大事じゃないですか。日本人１億３０００万人を相手にするのか、世界70億人を相手に商売をするのか、その違いでしょ」。

ラーメンを誰のために作るのか？　それは「お客さまのため」。こう言ってしまえばいかにも月並みだが、宮崎氏がいつも念頭に置いているのは〝まだ見ぬお客さま〟だ。「世の中には自分の好みを突き詰めていくという人もいるだろうけど、自分の好みなんてどうでもいいですね。僕たちは商売人である以上、お客さまが食べたいものを作るのが使命なんです。それは目の前のお客さんもそうかもしれないけど、潜在ニーズというか、これから食べてくれる人のためというやり方もあると思うんです。ほかの人がやりたがらない、やったことがないジャンルのラーメンを作って、新しい顧客層を開拓していく。

それを、日本の中心である東京駅から世界に向けて発信していく。そこに自分しかできないこと、宮﨑千尋の存在理由があると思うんです。女性、外国人、ベジタリアン。みんなのライフスタイルの中にラーメンをもっと食い込ませていけば食文化に寄与できるし、食文化として発展していけば日本のラーメンが海外にもっと出て行けるでしょう。僕は、ソラノイロをスターバックスみたいにしたいんです。人びとの心が豊かになるブランドとしてソラノイロがあり続けたらいいと思うんです。ラーメン店らしいラーメンも作るし、ラーメン店らしくないラーメンも作りたい。コンサルの依頼もいろいろあるけれど、ニーズに対してどういう切り口で作るか、なんです。ラーメンって、中華のテイスト、和食のテイスト、フレンチのテイスト……いろんな料理の総決算みたいなところがあるじゃないですか。だからどこで切っていくかであって、そこには○も×もないんです。僕自身はいわゆるラーメンを作るというよりもスープ料理の感覚に近いかな。スープ料理とカフェのワンプレートを融合するようなイメージです。だから味のバランスも大事だけれど、見た目も大事。お客さんが何を求めているのか。それにいかに柔軟に合わせられるか。以前、ちばき屋の千葉さんから言われたことがあります。『お客さまに対して〝いかがですか？〟という気持ちを忘れたら、料理人失格だから覚えておけ』って。これはいつも胸に刻みながら仕事をしています」

ラーメンを誰のために作るのか？　それは「お客さまのため」。これがすべての答。

その店の名は、ソラノイロという。

色即是空が屋号の由来だ。色即是空の「色」とは森羅万象＝この世の中に〝ある〟すべてのもの。「空」は無＝なにも〝ない〟ことを意味している。

ソラノイロ
NIPP

つまり、色と空は正反対の概念である。そして色即是空の「即」はイコールという意味を持つ。つまり、色即是空が表すとおり仏教では「色と空は同じである」と説く。「ある」と「ない」は同じ一つのもの、コインの表と裏のような関係であるというのだ。

宮崎氏にとって、空とはまさに「まだ見ぬお客さま」であり、「潜在ニーズ」なのではないだろうか。そしてこの空を発見したときに、世の中が求めているものを発見したときに、アイデアのたねは芽を出し、ソラノイロの新しいラーメン（色）が生まれる。女性という「まだ見ぬお客さま」を発見したときにベジソバが生まれたように。小麦アレルギーでラーメンが食べられない「まだ見ぬお客さま」がいたからこそ、玄米麺のラーメンが生まれたように。

空（まだ見ぬお客さま）と色（ソラノイロのラーメン）はセットなのだ。

それとは反対に、色（ソラノイロのラーメン）が空（まだ見ぬお客さま）を生み出すこともある。ベジソバが目の前にあったからこそ、パリの人たちはビーガンを求めた。ベジソバがなかったらその声は宮崎氏の耳に届くことはなかっただろう。「空」を見つけて「色」を生み出し、「色」はまた新しい「空」を生む。そして「空」がさらに新しい「色」を生んで……、その繰り返し。それが「変わらないために変わり続けること」なのかもしれない。

２０１６年の11月にはソラノイロ４店舗目となる新たな店のオープンを予定する。

「５店舗目、６店舗目。頭の中にはやりたいことが常に明確にあります。自分の進む道は見えているから、ほかの人の意見は気になりません。いずれ世界に進出して、朽ちることのないソラノイロのブランドを築きたい」と宮崎氏。

ブレずに、惑わずに。

その鋭いまなざしは、虚空を見据える。

山本 敦之

そばはうす　金色不如帰

やまもと　あつし

1974年生まれ。東京都中野区出身。建築現場の仕事からラーメンの世界に飛び込み2006年開業。桑名産ハマグリを大量（1日15～20kg）に使う「金色不如帰」をはじめ、同一店舗で曜日を変えて3つのブランドを展開する。

努力の才能

「ラーメンの味には、縦軸と横軸があります」。

唐突に始まったラーメン講義。山本氏が続ける。

「縦は『深み』、横は『広がり』。口に含んだときにふわっと広がるのが横、じわじわと深まるのが縦。一杯のラーメンでいかに深みと広がりを感じさせるか。それを麺、スープ、タレ、油、トッピングで構成するのがラーメンです。横の広がりを出すのはそれほど難しいことじゃない。うちでいえばセップ茸のオイルだったり、白トリュフのオイルを使ったり、香味油で広がりを与えることができます。でも縦の深みというのは100%出汁材料を使いこなさいと出てこない。だから難しいんです。単純に豚をドロドロになるまで煮出して、そこに昆布を加えたら深みが出るかといえば、それは濃厚なだけであって深みではない。僕は、うま味の深さというのは清湯でしか表現できないと思っています。スープを飲んだときに最初に舌に当たるうま味、中盤のうま味、飲み込んだあとにじわっと上がってくるうま味。それぞれ違います。僕の場合は、この3段階の間に橋渡しとなるうま味を持ってきて、トータルで5段階のうま味がグラデーションになるような構成を基本にしています。各段階で食材個々のうま味が際だって伝わる、それが僕のめざす『何を使っているのかが分かるラーメン』です。たとえばうちではハマグリを大量に使うけど、ハマグリのうま味は5段階のうちの5番目。日本料理に『返り味』という言葉がありますが、ハマグリはまさに最後に上ってくる。その『返り味』にたどり着くまでにどんな構成をもってくるのかが味づくりの一番の肝ですね」。

〝料理は科学〟という言葉がある。煮る、焼く、蒸す、揚げる、それぞれの調理法がどのように食材に作用するのか。その原理原則を理解すればさまざまな料理にロジックで応用できる。山本氏にとってはラーメンもまた科学だ。タイトなTシャツ姿がいつのまにか白衣のサイエンティストに見えてくる。

「うま味にはグルタミン酸やイノシン酸、グアニル酸などいろいろあります。グルタミン酸は昆布に多く含まれ、イノシン酸は肉や魚の身の部分、グアニル酸はキノコ、コハク酸は貝類に含まれています。よくいわれるように昆布とかつおの出汁は異なるうま味成分（グルタミン酸＋イノシン酸）を組み合わせることで、相乗効果によってうま味が増します。だからといって何でもかんでも食材を足せばいいわけではなく、うま味がうま味を打ち消すこともあります。たとえば昆布とハマグリの潮汁に醤油を入れたらその瞬間に潮汁の良さが死んでしまう。醤油もアミノ酸系のうま味を持っているからです。うま味の出し方には法則がある。その法則をきちんと踏まえているかどうか、食材をどれだけ理解しているかどうかで縦の深みが変わってきます。だから僕は徹底的に食材を研究します。その食材がどんなうま味を持っているのか。うま味を最大限に引き出すには

どの調理法が適しているのか。徹底的に勉強した上で構成を練ります。たとえばうちのメニューに鴨とハマグリを組み合わせた商品があります。鴨とハマグリの料理って和食にも洋食にもないんですね。一般的には合わないと思われているからです。だけどその間を橋渡しする何かを持ってくることで縦の深みが生まれる。より重厚なうま味が出てくる。こういうことが許されるからラーメンは面白いんです」。

縦軸と横軸、5段階のうま味、組合せの化学……。味づくりの設計図はこれだけでは完成しない。

「もう一つの要素は『流れ』です。最初から最後までおいしく食べてもらうにはどうしたらいいか。それがけっこう重要です。最初はおいしいんだけど、途中から飽きちゃうラーメンってありますよね。最後まで食べて『あぁ、おいしかった』と余韻に浸りながら帰れるようなものを作んなきゃ次に繋がらないでしょ。一杯の中にストーリーを作る。たとえば、最初にインパクトを与えながら中間に穏やかなうま味が続き、徐々にうま味が乗っかっていく。うちの3つめのブランド『中華そば金色不如帰 覇』の味噌は味噌＝濃厚という固定概念にとらわれず、ちゃんとうま味の構成を築きながら、食べ進むうちにレンゲが止まらない、キレがいいから最後までいける、そういう流れをイメージして作っているんです」。

一瞬の深みと広がり。そして全体を通しての流れ。まるで音楽を作るかのように、素材の出し入れを繰り返しながら一杯の構成を仕上げていくのだ。

仮に食材が一つひとつの楽器であるとするならば、音を正確に響かせるための環境も重要ということになる。世界最高峰のバイオリン・ストラディバリウスを弾くなら、三畳一間のボロアパートではなく、音響設備の整ったコンサートホールで弾きたいもの。ラーメンでいえば、それは水に当たる。

「水の重要性に気づき、最初にセラミックを使った浄水技術でpH調整をしたのが佐野実さんです。それから69'N'ROLL ONEの嶋崎さん（現在はロックンビリースーパーワン・尼崎市）が逆浸透膜のRO水を使ったことで広まった。僕はいま、πウォーターという浄水器の水を使っています。水の粒子が細かくて食材のうま味が出やすいんです」。

食材に対しても水に対しても、「そこまでやるのか」というほどの徹底した執念、あるいは執着ぶり。そのモチベーションは一体どこにあるというのか？

「単純に負けず嫌いだからです。他人が知らないこと、他人があえてやらないことを掘り下げたくなる。それも普通ならそうする必要のないところまでとことん掘り下げる。毎日やっていると、それが当たり前になってくるんだろうね」。

その負けず嫌いの性格の源流は、どうやら4歳のときに始めた剣道にあるようだ。

生まれは1974年。幼い頃は、忙しい両親に代わって大正生まれの厳格な祖父が〝教育係〟を買って出たという。その祖父により躾の一環で無理矢理やらされた剣道だったが、小学2年生のときに地区大会で3位になったことで気持ちが切り替わった。

「子どもながらに勝つことがこんなにも気持ちいいと知ってしまったんです」。それからは練習の日々。勝たなきゃ気が済まなくなり、がむしゃらに、人の倍の時間を稽古に費やした。やがて中学、高校と進むにつれて頭角を現し、中野区では向かうところ敵なし、関東大会でも上位に食い込む実力をつけ、全国大会にも出場する。ところが高校時代の最後の大会で勝てるはずの相手に負けてしまい、そこでバーンアウト。それからは剣道に捧げてきた時間と情熱をサーフィンに傾けていった。

「髪も伸ばしたかったしね。サラリーマンは自分には無理っぽいなぁと思って、手に職をつけて30歳で独立しようと建築の世界に入ったんです」。

建築の現場でも持ち前の負けず嫌いで仕事を人一倍覚え、二十代半ばで会社の稼ぎ頭になる。しかし結婚を意識するようになると、業界の将来に不安を感じ始め飲食の世界へと惹かれていった。

「職人が好きなんですよ。和食の板前とか、フレンチのシェフとか、かっこいいじゃないですか。だけどそのとき25歳で和食やフレンチを始めるには遅すぎる。それでラーメン屋になろうと思ったんです」。

修業先に選んだのは〝日本一厳しい〟とまでいわれる老舗のラーメン店。そもそも店に入るのでさえ禅寺のような厳しさで、面接は合計7回。何度か面接を繰り返してやる気が認められると1週間の研修に呼ばれ、毎日12時間立ちっぱなしの裏方作業。そこで根性があるかどうかを見定められ、さらに面接。そんなことだから正式採用まで半年もかかる。

もちろん店に入ってからの厳しさは研修の比ではない。拘束時間は15時間。月に休みは3回あるが、休日にも手伝いと称する3〜4時間の勤務があるので丸一日休めることは稀。盆暮れ正月も休みはほとんど与えられず。おまけに生活態度にも厳しく、〝禁酒・禁煙・禁車〟を絶対に守らなければならない。ちなみに禁車とは文字通り車の運転を禁ずること。万一、車で事故を起こし、店を休むことになったらお客さまに迷惑が掛かる、そうした謂われからだ。

「そんな生活を4年半ですよ。苛酷でしたね。言葉では伝わらないですよ。この苛酷さは。一度なんて足を滑らせて100℃のスープを頭からかぶったことがあるんです。顔面大やけどでしたが、それでも次の日から働きましたからね。女房も精神的に参っちゃうし、夫婦ともにボロボロでした」。

それでも、月に3回ある半日の休みを利用してラーメンの研究に没頭した。「頭で分かった気にならない、それは修業時代に気をつけていたこと。たとえ先輩に教えてもらっても、鵜呑みにしないで本を読み、実際に試して自分で判断する。そうしないと身につかないですよ。分かったような気になるのが一番よくない。それを肝に銘じていました」。

実はラーメンにハマグリを使うというアイデアは修業時代に生まれている。「やっぱりさ。いままでにないものを作った人たちってかっこいいですよね。佐野実さん、大喜の武川さん、地雷原の鯉谷さん。そういう方々を見るうちに、絶対に自分にしかできないラーメンを作ろうと思うようになったんです。それからですね、食材探しをするようになったのは。それでラーメンにとって当たり前じゃない素材を探しているうちにハマグリにたどり着いた。限定で出したことのある店はあってもレギュラーでハマグリをやっている店はない。毎日ヒヤヒヤしてましたよ。誰かが先にやっちゃうんじゃないかと」。

２００６年、幡ケ谷の路地裏に不如帰（のちに金色不如帰に改名）をオープン。しかし当初は思うように客が入らず、１日５食の日もあったという。

「３カ月目にテレビの取材が入って一気にお客さんが増えて。『これで一生食いっぱぐれない』と思ったらすぐに客足が途絶えました。雑誌やテレビに出るたびに一時的に客は増えるけど、しばらくすると静かになる。結局受け入れられていなかったんです。ようやくそれに気づいて、空いている時間はずっと考え続けました。店に泊まり込んで仕込みをしました。本を買いあさって勉強もしました。ラーメン以外のいろんな料理も食べに行きました。できることはすべて試しました。季織亭（現在は閉店）のご主人が僕のことをかわいがってくれて、あるとき『おまえのやってることは間違ってない。５年間やり続ければお客さんが付いてきてくれるから』と言ってくれました。じわじわですよ。５年経って本当に売上が安定するようになりました。うま味の勉強を始

めたのもこの頃。そうして、お客さんに受け入れてもらえるぐらいの味の構成になってきました。

自分には何もありません。センスも才能もない。だからさ、人一倍やるしかないんです。僕を慕ってくれている蔦の祐貴ちゃんは、僕と違ってセンスがある。努力家である上にセンスがある。僕の場合は努力しかない。センスのある人たちが飛び越えたところを過剰な努力で埋めてきて、遠回りして、袋小路に迷い込んで、進んだり戻ったりして、いまの不如帰があります。うちで限定をやるのも、お客さんのためというのはもちろんだけど、自分のためでもある。僕の場合、限定麺に8割、9割の原価を平気でかけます。それは勉強代なんです。開店から10年経つけどいまだに店で寝泊まりすることもあります。費やすしかない。追い込むしかないんです。

目標は日本一です。経営者じゃないですよ。職人として日本一になりたい。ミシュランとか、ＴＲＹのラーメン大賞で1位になるとか、そういうことではなく、自分の中で『我こそが日本一』と思えるようになりたい。それにはまだまだ。目の上のたんこぶみたいな人たちがいますから。七彩の阪田さんとかね。すごいですよ、注文を受けて目の前で粉から麺を打つなんて。あの人はラーメンだけじゃなくてすべてのことに精通している。負けたくないね。食材について、調理方法について、知りつくしたい。誰も追いつけないぐらいね。徹底的に……」。

不如帰の屋号は戦国武将を詠んだ有名な句に由来する。ハマグリを使う「金色不如帰」は知恵と創意工夫の豊臣秀吉、東京ラーメンに不可欠な煮干しを使った「一汁三にぼし裏不如帰」は徳川家康、そしてサードブランドの「中華そば金色不如帰 覇」は直感と行動力の織田信長をテーマにしている。

ラーメン職人の天下をめざす山本敦之は、鳴かぬホトトギスを前にしてなんとするか……。

東池袋 大勝軒
飯野 敏彦

支那そばや 本店
佐野 しおり

麺がつなぐ絆

東池袋大勝軒のもりそば（つけ麺）を初めて食べたのは25年ぐらい前です。食べた瞬間に、大げさではなく、自分の人生が決まりました。この味を学びたい。この道で絶対に生きていきたい。それぐらい感動したんです。何度も通ううちにマスターのまっすぐな人柄にも惚れ込んでいきました。訪れる度に癒やされる。明日からも頑張ろうという気持ちにさせてくれる。若い頃の僕にとって本当に「夢と希望の詰まったつけ麺」でした。それでマスターに「修業させてください」とお願いしたんだけど、すぐには首を縦にふってくれず、1年掛けて4〜5回頼み込み、ようやく弟子入りを認めてもらいました。

マスターの下で直接お世話になったのは2年ほどですが、たくさんのことを教えていただきました。

修業時代で覚えているのはチャーシューの匂いです。マスターは毎朝4時ぐらいには店に入って、必ず自分でチャーシューを仕込んでいました。出勤のために池袋駅から店に向かって歩いていると、チャーシューを煮込む匂いが風に運ばれて来るんです。その匂いを嗅ぐとあぁ今日も始まるなと気持ちが引き締まったものです。その後、マスターは2階で製麺作業をし、僕らはスープ作りや具材の準備をします。開店30分前にマスターが降りてきてスープの調整をしますが、トントンと階段を下りる音が聞こえるとピリッとした空気に変わるんですね。当時は11時から午後3時までの営業で、後片づけをして

山岸 一雄 氏

1934年4月28日－2015年4月1日(享年80歳)。1961年「東池袋大勝軒」を開業。脚の病気や愛妻の死を乗り越え、40年以上厨房に立ち続けた。行列店の元祖、つけ麺(もりそば)の元祖としても有名。その功績や人柄から「ラーメンの神様」と呼ばれ、多くの人に慕われた。

4時頃からみんなでまかないを食べるんですけど、そこでようやくいつもの温和なマスターに戻るんです。そのひとときが本当に毎日楽しみで、楽しみで。

お客さまへの気遣いということでは徹底していました。常連さんのことを「いの人」と呼んでいて、「いつも来る人」で「いの人」なんですが、「いの人」には何かこっそりサービスをします。つぶ(餃子)とかチャーシューの切れ端とか。それを海苔で隠すんですが、かえって目立つんです。それが可笑しくて。この人にはこれ、あの人にはこれ。マスターは「いの人」の好みを全部覚えていました。お客さまを喜ばせようという気持ちは人一倍でした。

僕は弟子の中でも一番怒られた方じゃないかな。2007年に元の店が立ち退きとなり、9カ月後にいまの東池袋大勝軒ができて、その際に店長に指名してもらいました。オープンから3、4年の間は店の前のイスにマスターが座り、お客さまを迎えてくださいました。握手をしたり、サインをしたり。「厨房には立てなくても自分にはやれることがある」、そういうお考えだったんだと思います。

最期の最期までお客さまのことを第一に考えていました。亡くなる前日も病室にお見舞いに行くと、朦朧とした意識の中で「いらっしゃいませ」「ありがとうございました」と繰り返していました。本当に最期までお店のことを考えている様子でした。

マスターには自分を導いていただき、感謝の言葉しかありません。マスターは独立をする弟子に色紙を贈ってくださったものですが、そこによく書いていたのが「麺絆 心の味」という言葉。「麺絆」とはマスターが造った言葉で、「麺は人と人の心をつなぐ見えない糸」という意味だそうです。お客さまとの絆、マスターとの絆。麺がつないだ絆を大切にしながら、マスターが遺してくれた味と心得を、長くつないでいきたいと思います。

飯野 敏彦　いいの　としひこ

群馬県生まれ。実家のラーメン店を手伝っていた頃、東池袋大勝軒に客として訪れその味に感動。弟子入りを志願する。東池袋大勝軒で２年間働き独立。滝野川大勝軒をオープンする。2008年1月5日東池袋大勝軒の「本店」復活とともに店長就任。株式会社大勝軒代表取締役。

あの鬼（ひと）の素顔

本当に純粋でまじめな人。初めて会ったときからその印象は変わりません。他人を絶対に裏切らない。だからでしょうね、一緒になることを決めたのは。まじめ過ぎるといえば、「ガチンコ！」に出ていた頃、睨んでばかりで眼の毛細血管が切れたことも。テレビでの「鬼」のイメージが崩れないよう、外で歯を見せちゃいけないという契約を結んでいたそうです。意味のあると思った役に徹したんですね。

この10年間は24時間３６５日行動を共にしまし

た。店を離れても、お酒を飲んでいても、いつも頭の中はラーメンのことばかり。眠っていても「おい、加水どんだけだぁ?」なんて、寝言でラーメンですから。売上について佐野が気にしたことは一度もありません。とにかくいいものを作りたい。業界を底上げしたい。そのために食材を掘り下げ、麺づくりに打ち込み、そうして「たかがラーメン」を「されどラーメン」に変えようとしていたんだと思います。

何かを改革するときには必ず反対する人がいるものです。鵠沼時代の私語禁止や香水禁止は、当時は行き過ぎという声もありましたけど、手塩に掛けたラーメンをベストな状態で食べてほしいという職人としての気持ちの表れですし、それまでラーメン店が声を上げたくてもできなかったことを、批判承知でやってのけたのが佐野だったんだと思います。

業者さんを大事にするのも佐野のモットーの一つ

佐野 実 氏

1951年4月4日－2014年4月11日（享年63歳）。洋食店での調理経験を経て1986年藤沢市鵠沼海岸に「支那そばや」を開業（本店は現在、戸塚に移転）。食材への飽くなきこだわりから「ラーメンの鬼」といわれた。「ガチンコ！ラーメン道」（TBS）などメディアにも多数出演。

でした。お金を払う立場だから偉いという考えは一切なく、お中元やお歳暮には、南の方には北のものを、北の方には南のものを贈るのが佐野の中での決まり。何を贈ったら喜ばれるだろうかと、毎回一人ひとり真剣に悩んでいました。

長く糖尿病を患っていましたが、様子がおかしくなったのは2014年2月11日。そのとき医師から先が長くないことを宣告されました。本人に告げるべきか相当葛藤しましたが、伝えたからといって何かできるわけではないので、最期まで励まし続けることにしました。亡くなる1週間前、4月4日の誕生日に近しい全国の仲間たちが駆けつけてくれました。水分も摂れないほどの体調だったのに「ラーメン食わせてくれるんだろ？」なんて言い出して。店に電話し、病室で一杯作って出しました。体の負担にならないようスープをお湯で割るように私が指示したんですが、レンゲで掬って飲むなり「ん？　薄いな」って。それが最期に食べたラーメンですね。その２日後に羅臼から生産者さんがお見舞いにみえて30分ぐらい話をしていました。話の折々に「今後もよろしくお願いします」と、見たことがないぐらい佐野が何度も頭を下げていました。おそらく自分の死を悟り、私のために道筋を作ってくれていたんだと思います。

佐野が亡くなったいま、お礼とご挨拶を兼ねて全国の業者さんを巡っています。行く先々で「いまこそご恩返しがしたい」とおっしゃっていただき、これこそが佐野の築いた財産なんだと実感しています。

経営者としては壁にぶつかることの連続です。佐野の存在の大きさを感じない日はありません。そのたびに仏壇に話しかけるんです。ときには私もあなたのように「鬼」となって毅然と振る舞うことも必要ね、って。そうすると「思うようにやれ！」と言ってくれている気がして、また頑張れるんです。

佐野 しおり　さの　しおり

福岡県生まれ。リフレクソロジー店を経営していた2003年、久留米で行われたラーメンイベントで佐野実氏と出会い、翌年結婚。結婚２年目以降は出先でも常に行動を共にし公私にわたり佐野氏を支えた。現在は株式会社サノフード代表取締役・株式会社エヌアールフード取締役。

この本は、私が書きたかった

長谷川さんに最初にお会いしたのは札幌のとある飲み会。
「ラーメンの本を書いています」という紹介だった。
いわゆるおいしいラーメン店を紹介する本のことかと思っていた。
後で見せてもらった『ラーメンをつくる人の物語〈札幌の20人の店主たち〉』を
眺めて胸に突き刺さった。
その理由は二つ。
一つは私が書きたかった本の札幌版だったこと。
そしてその本のクオリティがものすごく高かったこと。
文章も、写真も。

私がやりたかったことをやられてしまった敗北感。
そしてその内容の良さにジェラシーと賛辞が同時に湧いてきた。
そんな気持ちを吐露するように
「東京版もやったらいいじゃないですか！」と半ば冗談で言った。
するとその答えは「考えてるんですよ」と。
えぇ～まさに私がやりたかったことを
東京バージョンでやられてしまうのか。
正直、悔しい。
でも、実際問題、今の私にそれができるのかと聞かれたら、
答えはＮＯ。
時間的にも力量的にも無理。
だとしたら長谷川さんにいい本を作ってもらおう。
素直にそう思えた。
札幌の店主たちをあれだけ描写できた人なら、
東京の店主たちが相手でも間違いなくいい本が作れる。
そしてそれを読んでみたい、と思えた。

そんなやり取りから1年以上が過ぎた。
やはり壁が厚かったのかな？　と思い始めた頃に
「まもなくできそうです！」というメールが届いた。
「結構時間がかかったなぁ」と思ったがすぐに
「時間をかけたな〜」と思い直した。

ゲラを読ませていただいた。
予想以上に良くできている。
ラーメンは丼一杯の勝負。
その中に店主の生き様や考え方が盛り込まれている。
だからこそ、店主インタビューには味がある。
ラーメン同様、店主の数だけ味がある。
読んでみて、これはラーメン本のジャンルではない。
人生本だ。
生き方の教本になる。そんな本に仕上がっている。

ここに載ってる店主は成功を収めた人達。
しかし、誰もが苦労をしている。
壁にぶつかっている。
そんな苦悩を読んで勉強になり、勇気も湧いてくる。

ラーメンに人生有り。
ラーメンに人有り。

私が書きたかった本だけど、
長谷川さんに書いてもらって良かった。
いい本をありがとう！

大崎　裕史